Janine Berg-Peer

Aufopfern ist keine Lösung

Janine Berg-Peer

Aufopfern ist keine Lösung

Mut zu mehr Gelassenheit für Eltern psychisch erkrankter Kinder und Erwachsener

KÖSEL

FSC www.fsc.org MIX Papier | Fördert gute Waldnutzung FSC® C014496

Penguin Random House Verlagsgruppe FSC® N001967

5. Auflage 2023

in der Penguin Random House Verlagsgruppe GmbH,
Neumarkter Str. 28, 81673 München
Umschlag: Weiss Werkstatt München
Druck und Bindung: GGP Media GmbH, Pößneck
Printed in Germany
ISBN 978-3-466-34617-2

www.koesel.de

Inhalt

Das ist schwierig für euch? Ihr könnt eure Gefühle nicht ändern? Aber wir müssen das doch auch tun, wir lernen doch in der Therapie, das wir unsere Gefühle kontrollieren sollen, dass wir bestimmte Dinge tun sollen, wenn wir in Panik geraten oder unsere Kontrolle verlieren. Dann werdet ihr das doch wohl auch können!

Antwort meiner Tochter auf den Hinweis, es sei so schwierig für Eltern, ihre Gefühle zu ändern.

Warum ich das Buch schreibe

»Sie machen ja den Eindruck einer sehr gelassenen Angehörigen«, sagt die junge Journalistin. »Wie lange haben Sie gebraucht, bis Sie Ihre Gelassenheit entwickelt haben?« »Nur sechzehn Jahre«, antworte ich. Wir müssen beide lachen.

Egal, ob fünf oder sechzehn Jahre oder ein ganzes Leben, es braucht viel Zeit, bis wir Eltern gelernt haben, mit der verstörenden Realität einer psychischen Krankheit in unserer Familie umzugehen.

Die Belastungen von Eltern psychisch Erkrankter sind hoch: Oft leiden sie unter finanziellen und zeitlichen Einschränkungen, erleben soziale Isolation, überdurchschnittlich häufig Trennungen von Partnern und eigene physische und psychische Erkrankungen. Sie sorgen sich um die Selbständigkeit ihrer Kinder und darum, wie lange sie sie im Alter betreuen können. Viele Eltern sind nach Jahren an ihrer Belastungsgrenze angelangt. Bei Leistungsträgern aus Politik, Sport und Wirtschaft spricht man von Burnout. Ihnen wird die Reduzierung aller belastenden Faktoren empfohlen. Eltern psychisch Kranker können die belastenden Faktoren nicht vermeiden, sie bleiben ihr Leben lang einer Situation ausgesetzt, die hohe Anforderungen an sie stellt.

Eine psychische Krankheit bricht wie ein Naturereignis in eine Familie ein und richtet dort Zerstörungen an. Plötzlich und unvorbereitet stehen Eltern vor kaum zu bewältigenden Herausforderungen. Wenn ein Kind dauerhaft psychotische Symptome zeigt oder unter intensiven Stimmungsschwankungen leidet, kann das die ganze Familie in eine Krise stürzen. Eltern müssen die Diagnose »psychische Krankheit« erst einmal verkraften. Die wenigsten haben sich vorher mit diesem Thema beschäftigt. Vielleicht haben sie beunruhigende Filme gesehen oder Bücher gelesen, in denen bizarre und bedrohliche Verhaltensweisen psychisch Kranker vorgeführt werden. Das dort Gezeigte ist aber oft so verzerrt und unwirklich, dass niemand sich vorstellen kann, jemals selbst mit derartigen Situationen konfrontiert zu werden. Obwohl die Szenen aus Filmen und Büchern mit dem Alltag unserer erkrankten Kinder oft wenig gemein haben, können diese erschreckenden Bilder nach der Diagnose wieder in unseren Köpfen auftauchen. Sie werden noch verstärkt, wenn wir abfällige Äußerungen hören wie: »Das ist doch schizophren« oder »Die sind völlig durchgedreht« oder »geistesgestört«, die immer dann benutzt werden, wenn ein sinnloses, bösartiges oder gar kriminelles Handeln bezeichnet werden soll.

Mit der psychischen Krankheit des eigenen Kindes beginnt für Eltern ein Leben, das sich vorwiegend auf den Erkrankten konzentriert. Viele von ihnen kümmern sich dann ihr Leben lang aufopferungsvoll um das betroffene Kind. In Gesprächsgruppen und in meinen Interviews zeigt sich, was zu den hohen Belastungen vieler Eltern beiträgt: die verwirrenden und angstauslösenden Symptome der Krankheit, daraus entstehende Konflikte innerhalb der Familie, die Hilflosigkeit gegenüber der Krankheit und die Unsicherheit über die richtige Therapie, der Verlust eigener Lebensentwürfe, Scham über auffällige Verhaltensweisen ebenso wie über die vermutete Abwertung durch die Umwelt.

Nicht nur die Krankheit selbst führt zu den Belastungen vieler Eltern, auch die unzureichende Hilfe durch das psychiatrische System und die fremde, oft als feindselig erlebte Welt der Psychiatrie trägt zu ihren Ängsten, Sorgen und ihrer Hilflosigkeit bei. Selten aber wird diskutiert, dass auch unsere Einstellungen zu der psychischen Krankheit und die daraus resultierenden, nicht immer angemessenen Verhaltensweisen unsere Belastungen verstärken können.

Wie in meinem ersten Buch beschrieben, reagierte auch ich vor neunzehn Jahren mit Verwirrung und Entsetzen auf den Satz »Ihre Tochter hat Schizophrenie!«. Ich hatte das Gefühl, dass sich der Boden unter mir auftut, und ich glaubte, mein Leben und das meiner Tochter sei zu Ende. In diesem Moment hätte ich mir Ärzte gewünscht, die mich über die Krankheit aufgeklärt hätten. Ich hätte mir Informationen über Medikamente, Psychotherapien und das sozialpsychiatrische Hilfsangebot gewünscht. Ich wäre dankbar gewesen für Hinweise, wie ich mich meiner Tochter gegenüber verhalten sollte: Wie oft sollte ich sie besuchen, wie sollte ich reagieren, wenn sie weinte, wenn sie mich anschrie oder wenn sie merkwürdige Dinge erzählte?

Ich hätte mich auch über kleine Zeichen von Mitgefühl und über Hilfe von Familie und Freunden gefreut. Stattdessen fühlte ich mich verunsichert, alleingelassen und im Krankenhaus unerwünscht. Auch über meine Existenz machte ich mir Sorgen: Ich hatte mich gerade selbständig gemacht und liebte meinen Beruf. Aber ich war auch darauf angewiesen, Geld zu verdienen, weil ich allein mit meiner Tochter lebte.

Mir ging es so wie vielen Eltern: Ich stieß auf Desinteresse bis Abwehr bei Ärzten und Pflegepersonal, Entsetzen und Rückzug bis Schuldzuweisung bei Familie, Freunden und dem weiteren Umfeld. Es folgten viele Jahre, in denen ich mir ständig Sorgen machte, oft ungeschickt reagierte, selbst krank wurde und immer wieder neue Krisen erlebte. Ich musste es aushalten, dass Lena immer wieder die Behandlung verweigerte. Ich erlebte sie in ihren Krisen als aggressiv und rücksichtslos, und ich befürchtete, dass sich ihre Persönlichkeit durch die Krankheit zum Schlechteren verändert hatte. Ich spürte, dass Psychiater Eltern, vor allem Mütter, als störend empfanden und sich hinter der Schweigepflicht oder für mich undurchschaubaren Zuständigkeiten verschanzten. Das sozialpsychiatrische Versorgungssystem, von dem ich mir Hilfe erhoffte, erwies sich für mich als ein kaum zu durchdringender Dschungel. Es war ein Schock für mich zu erkennen, dass es Gesetze gibt, die unter Umständen verhindern, dass Lena vor ihrer Krankheit geschützt wird: Niemand kann einen schwer psychisch gestörten Menschen gegen seinen Willen ins Krankenhaus bringen, wenn er nicht das eigene Leben oder das anderer Menschen gefährdet.

Damals hätte ich mir außer mehr Wissen über die Krankheit auch ein Buch gewünscht, das mir erklärt, wie sie sich im Alltag auswirkt und wie ich mich dazu verhalten könnte. Ich fand Fachbücher, in denen die Ursachen psychischer Störungen und deren Symptome geschildert werden. Aber wenn wir lesen, dass es bei Schizophrenie zu einer »Störung der Gedanken, Gefühle und Wahrnehmung« kommt, was heißt das? Wie genau sind die Gedanken gestört, woran erkenne ich, wann sie gestört sind, und wie sollte ich darauf in einer Form reagieren, die meinen Sohn oder meine Tochter nicht belastet, sondern unterstützt? Wie wirken sich die starken Gefühlsschwankungen eines bipolar Erkrankten im Alltag aus, und wie reagiere ich *vernünftig* und nicht mit ebenfalls schwankenden Gefühlen darauf?

Inzwischen hat sich das Angebot verbessert: Heute gibt es Beratung und Gesprächsgruppen in den Angehörigenverbänden und in Krankenhäusern, Seminare für Psychoedukation, trialogische Psychoseseminare, in denen Betroffene, Angehörige und Fachleute sich untereinander austauschen können, Bücher, in denen erklärt wird, wie wir uns einem Menschen in einer Psychose oder Depression gegenüber verhalten sollen. Diese Bücher und Beratungsangebote sind wichtig und nützlich. Aber nach meinem Eindruck sind die Hinweise in der Literatur und auch in den Seminaren weitgehend *patienten*zentriert: Es wird beschrieben, wie wir uns gegenüber unseren psychisch erkrankten Kindern verhalten sollen, damit es *ihnen* guttut. Nirgendwo bekommen wir Hinweise, *wie* wir diese Ratschläge umsetzen sollen, obwohl wir mit unseren eigenen verwirrten Gedanken und Gefühlen beschäftigt sind. Niemand sagt uns, wie wir uns verhalten können, damit es auch uns guttut.

Manche Hinweise für Angehörige klingen für mich schlicht realitätsfern. Im Magazin *Stern* vom 28.1.2015 lese ich »Tipps für Angehörige«: »Haben Sie Geduld, seien Sie zuversichtlich, nehmen Sie es nicht persönlich, achten Sie auf sich!«

Die amerikanische Angehörigenorganisation NAMI empfiehlt Eltern psychisch Kranker, gut für sich zu sorgen: täglicher Sport, gesunde Ernährung, ausreichend Schlaf und Meditation, von Alkohol und Tabletten wird abgeraten. Der Blick auf das Positive im Alltag ebenso wie das Gespräch mit anderen Eltern sollen helfen, während Schuldgefühle nicht hilfreich sind. Das alles sind wunderbare »Tipps«.

Eine Studie aus Kanada zeigt einen anderen Aspekt, nämlich, dass etwa die Aufforderung, sich Hobbys zu suchen, die

Belastung eher erhöht. Hingegen sollen eine Veränderung der Lebensziele und neue Bewältigungsstrategien im Umgang mit der Krankheit vor Belastungen und Depressionen schützen. Das ist für mich ein lohnender Ansatz.

Sicher ist es vernünftig, ausreichend zu schlafen und nicht zu viel Alkohol und Tabletten zu nehmen. Was mir aber fehlt, ist ein »Tipp«, wie Eltern es trotz Angst und Aufregung schaffen können, immer geduldig und zuversichtlich zu bleiben und schwierige Verhaltensweisen nicht persönlich zu nehmen. Es ist nicht einfach, eine liebevolle und stabile »Umwelt« zu sein, wenn wir uns Sorgen machen und wenn kränkende Bemerkungen eben auch kränken. Bei all den Ratschlägen vermisse ich ein wirkliches Eingehen auf *unsere* Gefühle und *unsere* Situation. Bei Jaako Seikkula ist nachzulesen, dass Angehörige nun auch als Ressource für den Heilungsprozess bei psychisch Kranken angesehen werden. Das mag fortschrittlich klingen, aber wir sind Eltern, die ohne jede fachliche Ausbildung angemessen mit ihren erkrankten Kindern umgehen sollen und dabei in deren Interesse selbst nicht krank werden dürfen. Wie kann es uns gelingen, trotz Ängsten und Unsicherheiten so vernünftig und einfühlsam auf die schwierigen Verhaltensweisen unserer Kinder einzugehen, wie es uns nahegelegt wird? Die Empfehlungen der patientenzentrierten Ratgeber sind häufig zwar richtig, aber dennoch wenig hilfreich. Es sind Empfehlungen von Menschen, die aus professioneller Sicht wissen, wie mit einem depressiven oder psychotischen Menschen umgegangen werden soll. Aber wir Eltern können nicht immer eine professionelle Sicht haben. Es ist schwierig für uns, es nicht persönlich zu nehmen, wenn unser Kind, das wir lieben und als freundlichen Menschen kennen, plötzlich aggressiv und rücksichtslos reagiert. Uns nützen diese Empfehlungen nur, wenn sie begleitet werden von einem Rat, wie wir mit unserer Angst, unserer Kränkung und Wut und auch unseren Verlusten umgehen sollen.

Die Fähigkeit, gut für uns zu sorgen, nimmt mit der Dauer der Erkrankung unseres Kindes ab. Da kann der Rat, Sport zu machen oder zu meditieren, noch als zusätzliche Belastung empfunden werden. Woher nehmen wir die Zeit und den Antrieb für Meditation, Sport und gutes Essen, wenn wir vollkommen erschöpft sind?

Ob sie einen Wunsch habe, frage ich eine Mutter zum Abschluss eines Interviews. »Wünsche? Ich habe keine Wünsche mehr«, sagte sie nach einer langen Pause. »Das Einzige, was ich mir wünsche, ist, einmal eine Stunde ohne Angst und Sorgen auf dem Sofa zu liegen und eine Zeitschrift durchzublättern.«

Mir hätte es vor neunzehn Jahren geholfen, nachlesen zu können, wie sich mein Verhalten möglicherweise auf meine Tochter und auf eskalierende Situationen auswirkt. Wahrscheinlich hätte ich nicht sofort alles annehmen und umsetzen können – manche Erfahrungen kann man einfach nicht vorwegnehmen. Aber ich hätte mich vielleicht an diese Empfehlungen erinnert. Mir wäre die Erlaubnis gegeben worden, meiner Tochter Grenzen zu setzen und auch an mich selbst zu denken. Ich hätte meine Bedürfnisse für ebenso wichtig erachten können wie die Zufriedenheit meiner Tochter.

Aber so ein Buch habe ich nicht gefunden, und ich war allein mit einer emotionalen und praktischen Herausforderung, auf die ich nicht vorbereitet war.

Dieses Buch richtet sich an alle Angehörigen, die sich allein gelassen fühlen und daran zweifeln, ob sie immer das Richtige für ihr Kind tun. Ich möchte sie dabei unterstützen, gelassener mit ihrem Kind umzugehen und damit auch für sich selbst wieder in ein gutes Leben zurückzufinden. Es richtet sich an Eltern, die erst seit kurzem mit der Diagnose »psychisch krank« konfrontiert sind, ebenso wie an Eltern, die schon jahrelange Erfahrung mit einer psychischen Erkrankung haben. Und ich hoffe, dass es auch Eltern, die sich bisher aus Angst oder Unwissenheit oder Scham von ihrem erkrankten Kind distanziert haben, Wege aufzeigt, etwas für ihr Kind zu tun, ohne sich selbst aufzugeben.

Mein Buch richtet sich bewusst an Eltern, obwohl auch Kinder, Geschwister oder Lebenspartner von psychisch Kranken vor großen Herausforderungen stehen. Aber ihre Situation und ihre Möglichkeiten der Unterstützung sind andere als die von Eltern. Daher spreche ich auch von *Kindern*, ganz unabhängig davon, ob es sich um Minderjährige oder um Erwachsene handelt. Meine Hoffnung ist, dass noch »neue« Eltern von psychisch Erkrankten gleich zu Beginn die richtigen Weichen stellen können, und dass erfahrene Eltern sich ermutigt fühlen, neue Denkmuster und Verhaltensweisen auszuprobieren.

Natürlich schreibe ich das Buch auch für mich. Es ist immer wieder eine Erinnerung für mich, wenn mir etwas zu viel wird, wenn meine Tochter zu häufig anruft, wenn ich mir Sorgen mache, wie es ihr geht oder wenn ich doch wieder Angst vor ihrer neuen Selbständigkeit bekomme.

Wir Eltern klagen darüber, dass unser Kind nicht einsichtig ist und dass Ärzte oder Sozialarbeiter nicht das tun, was wir für richtig halten. Wir fordern, dass unsere Kinder und Ärzte sich ändern. Aber wir denken zu wenig darüber nach, dass auch wir uns ändern sollten. Die psychische Krankheit eines Kindes fordert von Eltern, ihre Einstellungen und Verhaltensweisen zu überprüfen. Psychisch labile Kinder brauchen Eltern, die sie stützen können und die nicht von eigenen Ängsten und Unsicherheiten überwältigt werden. Aber wir brauchen Zeit, um eine angemessene Haltung und mehr Gelassenheit zu entwickeln. Bestimmte Erfahrungen müssen erst einmal gemacht werden. Auch die besten Empfehlungen werden Eltern ihre Sorgen und ihren Kummer nicht vollkommen ersparen. Aber es muss nicht sechzehn Jahre dauern, zu einem Umgang mit psychischer Krankheit zu finden, der einen nicht dauerhaft an die Grenzen der Belastbarkeit bringt.

Es hilft uns, über uns nachzudenken, unsere belastenden Gefühle zu überwinden und unser Verhalten zu ändern. Wir können uns ändern, vorausgesetzt, wir wollen es.

Ich habe erkannt, welche meiner Verhaltensweisen meiner Tochter Lena geschadet haben, und gelernt, mich ruhiger, klarer, sachlicher und geduldiger zu verhalten. Das war weder leicht noch ging es schnell. Auch heute bin ich keineswegs dagegen gefeit, wieder in Verhaltensweisen zurückzufallen, die ich vermeiden möchte. Aber ich bin inzwischen auch zu mir milder: Ich darf Fehler machen. Wichtig ist, dass ich erkenne, dass etwas ein Fehler war und dass ich ihn nicht ständig wiederhole.

Unsere Lage ist nicht ausweglos: Wir können dazulernen und müssen nicht immer wieder mit den gleichen Verhaltensweisen auf die gleiche Situation reagieren.

Was macht es für uns so schwierig, »richtig« mit unserer Situation umzugehen? Wir wissen, was wir tun *sollten*: Loslassen, Grenzen setzen, ruhig bleiben, nichts persönlich nehmen, Vertrauen haben, Gelassenheit zeigen. Aber wir wissen nicht in jeder Situation, *wie* wir die Hürden überwinden können, die uns an der Gelassenheit hindern.

Auf die Frage eines Kindes, ob auch Menschen mit Behinderungen Astrophysiker werden können, antwortete der amerikanische Astrophysiker Neil deGrasse Tyson: »Ja, das können sie, aber es gibt Hürden.« »Was tut man«, fragte er dann, »bei den Olympischen Spielen, wenn man vor einer Hürde steht? Man springt darüber.« Wir Eltern springen vielleicht nicht, aber auch wir können lernen, die Hürden zu überwinden, die einem geglückten Leben für unsere Kinder und für uns im Weg stehen.

Was berechtigt mich, Eltern meine Erfahrungen weiterzugeben? Betroffene bezeichnen sich heute selbstbewusst als Experten aus Erfahrung. Als Angehörige und Mutter bin ich ebenso eine Expertin aus Erfahrung. In langen Jahren habe ich mir ein großes Erfahrungswissen angeeignet und dabei auch viel von anderen Müttern und Vätern gelernt. Auch zwanzig Jahre Erfahrung als Coach und Trainerin sind in meine Überlegungen mit eingeflossen.

Eltern wissen, wie sie ihr krankes Kind im Alltag unterstützen, wie sie es beruhigen oder motivieren können und sie erkennen Frühwarnzeichen. Persönliche Erfahrung darf allerdings nie zum alleinigen Maßstab werden. Unser »Expertenwissen« ist kein Ersatz für Fachwissen, aber es ist eine unverzichtbare Informationsquelle. Wir haben einen Blickwinkel, der auch von Fachleuten nicht außer Acht gelassen werden sollte.

Ich schreibe das Buch weder, weil ich die perfekten Ratschläge habe, noch erhebe ich den Anspruch, alle relevanten Themen für Angehörige erschöpfend abzuhandeln. Mir geht es darum, die positiven Erfahrungen weiterzugeben, die es mir ermöglicht haben, gelassener zu werden. Ich habe auch keine Rezepte für »richtiges« Verhalten, vielmehr möchte ich Denkanstöße anbieten und Eltern zeigen, dass sie nicht dazu verurteilt sind, ihr Leben lang zu leiden. Es geht darum, bewusst zu machen, welche Gefühle uns leiden lassen und wie wir diese verändern können. Auch möchte ich niemandem etwas vorschreiben – nicht alle Verhaltensstrategien sind für jede Situation gleich geeignet oder sinnvoll. Viele Eltern haben einen guten Weg für sich gefunden, aber es gibt auch Eltern, die davon überzeugt sind, dass sie nichts ändern können. Andere lehnen Veränderung mit der Begründung ab, ihr Kind sei zu schwer krank. Wieder andere betonen, jeder Fall sei anders und man könne daher keine allgemeingültigen Empfehlungen abgeben. Sicher sind die Krankheitssymptome unserer Kinder unterschiedlich, ebenso wie wir Eltern und unsere Situationen unterschiedlich sind. Krankheitsverläufe können leicht oder extrem belastend sein. Manche Betroffenen haben nur wenige Krankheitsphasen, andere müssen immer wieder mit Rückfällen kämpfen. Es gibt Kinder, die trotz Krankheit viel in ihrem Leben erreichen können und andere, bei denen wir uns über kleine Schritte freuen müssen.

Aber es gibt auch viele Gemeinsamkeiten. Angst, Sorge, Scham, Schuldgefühle, Zeit-, Geld- und Schlafmangel sind weit verbreitet. Wäre das anders, würde eine Beratung von Eltern durch Eltern auch keinen Sinn machen. Die Selbsthilfe basiert ja gerade darauf, dass Angehörige eigene Erfahrungen an »Neue« weitergeben. Wir können durchaus voneinander lernen.

Unabhängig von der Schwere der Krankheit des Kindes helfen gute Bewältigungsstrategien allen Menschen. Wenn wir einen neuen Blick auf die Krankheit gewinnen und auf unsere Möglichkeiten, damit umzugehen, werden unsere Kinder davon nicht geheilt, aber wir werden uns besser fühlen und sie besser unterstützen können.

Auch die Defizite der Psychiatrie und der ambulanten Versorgung haben Anteil an unseren Belastungen. Zu diesem

Thema ist bereits viel gesagt und geschrieben worden. Fachleute ebenso wie Angehörige und Betroffene beschäftigen sich seit Jahren mit der Verbesserung der Strukturen im Versorgungssystem; der Angehörigenverband, die Betroffenenverbände und auch die Psychiatrie selbst haben hier schon viel geleistet.

Zum Thema Medikamente gibt es inzwischen gut verständliche Literatur ebenso wie zu den unterschiedlichen psychischen Störungen. Nicht jede psychische Störung wird hier gesondert benannt. Auch wenn die jeweiligen Symptome sich unterscheiden, sind die Schwierigkeiten, die daraus für Eltern entstehen, ähnlich.

Der Schwerpunkt dieses Buches ist ein anderer: Ganz unabhängig davon, ob die Versorgungsstrukturen gut oder weniger gut sind, oder um welche Diagnose es sich handelt, müssen jede Mutter und jeder Vater lernen, mit der erschütternden Erfahrung einer psychischen Erkrankung ihres Kindes fertig zu werden. Auch die besten Medikamente, Psychotherapien, ambulanten Hilfen, zugewandten Psychiater und Sozialarbeiter werden nicht verhindern, dass uns die psychische Erkrankung des eigenen Kindes hart trifft. Wir müssen uns mit unserer moralischen Verpflichtung gegenüber einem geliebten Menschen auseinandersetzen, mit unseren Gefühlen und Wünschen für unser Leben. Wir müssen lernen, mit emotionalen Erschütterungen und Schuldgefühlen umzugehen. Wir müssen uns fragen, ob wir Wut empfinden dürfen, wenn wir von unserem kranken Kind beschimpft oder ausgenutzt werden. Wir müssen entscheiden, ob eigene Ansprüche an unser Leben legitim oder egoistisch sind. Diese Auseinandersetzung erspart uns auch das beste psychiatrische System nicht. Es geht dabei um unsere Gedanken, unsere Gefühle, unser Verhalten. Ich bin überzeugt davon, dass wir uns weniger hilflos fühlen werden, wenn wir eine neue Einstellung zur Krankheit unseres Kindes bekommen. Wenn wir mehr darüber wissen, wie wir mit unserem Verhalten dazu beitragen können, dass unsere Kinder und wir selbst trotz und mit der Krankheit ein erfülltes Leben führen können.

Recovery – eine neue Perspektive für Angehörige

Mir hat in diesem Zusammenhang der Begriff der Recovery oder auch Genesung geholfen. Dieser Ansatz wird seit einigen Jahren in der Psychiatrie verfolgt und führt weg von der Konzentration auf Krankheit und Defizite. Es geht nicht mehr darum, dass ein Mensch entweder krank oder geheilt ist, sondern darum, ihn dabei zu unterstützen, trotz seiner Erkrankung ein gutes Leben zu führen. Für Betroffene bedeutet Recovery eine veränderte Perspektive: Statt ihrer Krankheit hilflos ausgeliefert zu sein und sich mit Einschränkungen dauerhaft abzufinden, geht es darum herauszufinden, wie sie ihre Krankheit managen, wie sie eigene, realistische Ziele erreichen können und welche Stärken ihnen dafür zur Verfügung stehen. Dem Erkrankten wird etwas zugetraut: Er kann lernen, sein Leben selbst zu gestalten, aber gleichzeitig wird auch etwas von ihm gefordert: Er muss sich mit sich selbst auseinandersetzen, bestimmte Einschränkungen akzeptieren und manche der früheren Lebensentwürfe an die Realität anpassen. Er muss auch lernen, mit Rückschritten fertig zu werden, ohne gleich wieder die Hoffnung aufzugeben. Der Betroffene gewinnt etwas für sich – neue Stärken und Fähigkeiten, soziale Anerkennung und Freundschaften –, ihm wird Verantwortung übertragen, aber er muss auch Verantwortung für sich selbst übernehmen. Damit führt der Recovery-Ansatz Menschen aus ihrer Hoffnungslosigkeit heraus. Das Leben kann nicht erst dann beginnen, wenn alles wieder »wie vorher« ist. Recovery heißt nicht Heilung. Auch nach einer Bandscheibenoperation ist im Körper nicht mehr alles so wie vorher. Es gibt Einschränkungen, aber ich bin nicht gezwungen, mich ausschließlich damit zu beschäftigen, was mir meine beschädigte Bandscheibe unmöglich macht.

Auch wir Eltern können vom Recovery-Konzept profitieren. Wir sind nicht dazu verurteilt, ein Leben ohne Hoffnung zu führen, mit dem Gefühl, der Krankheit unseres Kindes ausgeliefert zu sein. Wenn wir erkennen, dass unsere Belastungen nicht nur durch die Krankheit und die Defizite des psychiatrischen Systems entstehen, dann gibt uns das Hoffnung, weil wir etwas ändern können. Sie sind auch das Resultat unserer Einstellung zur Krankheit und der Art und Weise, wie wir mit ihr umgehen. Aus der Traumaforschung weiß man, dass für die Schwere eines Traumas nicht nur das tragische Ereignis entscheidend ist, sondern auch die emotionale Grundverfassung des traumatisierten Menschen. Wenn es uns also ebenso wie den Betroffenen gelingt, unsere Situation zu akzeptieren und unsere Einstellungen und Verhaltensweisen zu ändern, werden unsere Belastungen zwar nicht vollständig verschwinden, aber sie können sich verringern. Wir können lernen, die Krankheit als Teil unseres Lebens zu akzeptieren, aber dennoch einen Weg für unsere eigenen Bedürfnisse und Wünsche finden. Mit diesem Buch möchte ich einen Beitrag zur Recovery von Eltern psychisch Kranker leisten.

Die Beispiele in meinem Buch setzen sich aus den vielen Erzählungen von Angehörigen zusammen. Keines davon bezieht sich auf bestimmte Eltern. Namen, Geschlecht und Orte sind geändert. Wenn Sie Ähnlichkeiten erkennen, liegt es möglicherweise daran, dass sich die Situationen oft ähneln.

1 Weichen stellen

Gleich zu Beginn stellen Sie die Weichen dafür, wie Sie auf Dauer mit der psychischen Erkrankung Ihres Kindes umgehen. Die Art und Weise, wie Sie am Anfang auf die Diagnose reagieren und die Einstellung, die Sie zu Ihrer schwierigen Situation gewinnen, können entscheidend dafür sein, ob Sie Ihrem Kind helfen und selbst auch gut für sich sorgen können.

Nach der Diagnose: Trost und Hilfe durch Wissen

Wenn Sie erschreckende Bilder von psychischen Krankheiten im Kopf haben, lassen Sie sich dadurch nicht verunsichern: Menschen, die an Schizophrenie, einer Depression oder einer bipolaren Erkrankung leiden, entsprechen diesen Bildern kaum. Auch psychiatrische Kliniken sind heute moderne Kliniken und nicht die furchtbaren Verwahranstalten, wie wir sie aus Filmen kennen. Es gibt heute gute Therapiemöglichkeiten für psychische Krankheiten und engagierte Ärzte. Versuchen Sie, trotz Ihrer Ängste oder Panik mit Ruhe und Vernunft zu reagieren und holen Sie eine zweite oder dritte

Meinung ein, so wie Sie es bei einer somatischen Krankheit tun würden. Informieren Sie sich im Internet, über Bücher und bei Angehörigenverbänden.

Die erste Diagnose muss nicht endgültig sein, zumeist ist es eine »Arbeitshypothese«. Der Psychiater sieht Ihr Kind zum ersten Mal und für kurze Zeit. Erst eine längere Beobachtung im Krankenhaus kann mehr Klarheit bringen. Psychiater können zu unterschiedlichen Diagnosen kommen und auch die Behandlung kann sich von Klinik zu Klinik unterscheiden. Das spricht nicht gegen die Kompetenz der Psychiater. Diagnosen sind in der Psychiatrie nicht immer eindeutig und auch die richtige Therapie muss erst gefunden werden. Wenn Sie an Ihrem Wohnort die Wahl haben, suchen Sie nach einem Krankenhaus, in dem man zurückhaltend mit Medikamenten umgeht, Patienten in die Behandlung einbezieht und auch bereit ist, mit den Eltern zu sprechen. Lassen Sie sich über die Medikamente informieren, die Ihr Kind bekommt. Sie sollten aber wissen, dass es *das* richtige Medikament für eine bestimmte Diagnose nicht gibt. Ärzte müssen zusammen mit den Patienten ausprobieren, welches Medikament wirkt. Was dem einen hilft, kann bei einem anderen Patienten zu einer Verschlechterung führen. Nicht jeder Patient reagiert auf ein bestimmtes Medikament mit den gleichen Nebenwirkungen. Es gibt auch Menschen, bei denen Medikamente gar nicht wirken. Erwarten Sie auch nicht, dass die Medikamente über Nacht greifen. Patient und Arzt müssen die Wirkung über eine längere Zeit beobachten und die Medikation entsprechend anpassen. Auch wenn es Ihnen schwerfällt, versuchen Sie nicht, Ihr Kind zu überreden oder zu zwingen, Medikamente einzunehmen. Versetzen Sie sich in seine Lage: Man kann verstehen, dass sich jemand gegen Medikamente wehrt, wenn er sich nicht für krank hält. Oder wenn diese ihn extrem müde machen und zu starker Gewichtszunahme führen. Auch wenn Ihr Kind sich weigert, sollten Sie es liebevoll und anhaltend unterstützen. Bleibt Ihre Beziehung gut, wird das Kind sich vielleicht allmählich überzeugen lassen, medikamentöse oder psychotherapeutische Therapien anzunehmen.

Eine wichtige Hilfe ist der Verband der Angehörigen psychisch Kranker. Im Internet finden Sie die regionalen Verbände oder eine Angehörigengruppe in Ihrer Nähe. Dort erhalten Sie Informationen über Krankheiten, Kliniken, rechtliche Probleme, Psychotherapeuten, niedergelassene Ärzte und sozialpsychiatrische Institutionen in der Region. Das Angebot ist zunächst verwirrend. Aber die Informationen anderer Eltern sind vor allem deshalb wertvoll, weil sie zum einen erklären können, welche Hilfen es gibt, welche Hilfe man bei welcher Institution bekommt und weil sie ihre persönlichen Erfahrungen mit diesen Institutionen mitliefern. Vor allem aber erhalten Sie dort Trost und Verständnis. Andere Eltern haben schon die Erfahrung gemacht, dass vieles, was uns heute beunruhigt, auch wieder vorbeigeht.

Es gibt heute an vielen Kliniken Psychoedukationsseminare, in denen Sie mehr über Krankheiten erfahren und trialogische Psychoseseminare, in denen Sie sich mit Betroffenen, Fachleuten und anderen Eltern über die Symptome und Phasen der Krankheit austauschen können. An vielen Kliniken gibt es inzwischen auch Angehörigengruppen, die von Ärzten oder Psychotherapeuten geleitet werden. Erkundigen Sie sich vor Ort nach den Angeboten.

Umgang mit Psychiatern

Es ist Ihr Recht, von einem Arzt über die Diagnose und Behandlung Ihres minderjährigen Kindes informiert zu werden. Auf dieser Grundlage können Sie sowohl im Internet wie auch bei anderen Fachleuten weiter recherchieren. Fragen Sie nach dem Therapieziel, welche Medikamente in welcher Dosierung gegeben werden und welche weiteren therapeutischen Angebote es gibt. Zum einen kann Ihnen Wissen mehr Ruhe und Sicherheit geben, zum anderen können Sie Ihr Kind besser unterstützen, wenn Sie informiert sind. Vor allem aber machen Sie in der Klinik deutlich, dass es jemanden gibt, der darauf achtet, wie mit seinem Kind umgegangen wird.

Wenn Ihr Kind über achtzehn ist, werden die meisten Ärzte unter Berufung auf die ärztliche Schweigepflicht nicht ohne seine Zustimmung mit Ihnen sprechen. Das kann Sie später, in einer akuten Krise, unvorbereitet treffen, wenn Sie den Arzt um Hilfe für Ihr Kind bitten wollen. Versuchen Sie daher möglichst früh in einer stabilen Phase von Ihrem Kind eine schriftliche »Entbindungserklärung von der ärztlichen Schweigepflicht« zu erhalten. Erklären Sie Ihrem Kind, weshalb Sie mit seinen Ärzten reden wollen: Sie wollen sich nicht in seine Beziehung zum Arzt einmischen, sondern Sie wollen es unterstützen, die Medikamente zu bekommen, die es bevorzugt. Sie sind über weitere Maßnahmen informiert und könnten in seinem Sinne eingreifen. Bereiten Sie sich auf das Gespräch mit dem Arzt vor und schreiben Sie Ihre Fragen auf, um nichts zu vergessen. Machen Sie sich während des Gesprächs Notizen, um diese anschließend mit Ihrer Familie besprechen zu können. Es ist übrigens sinnvoll, möglichst immer mit dem gleichen Arzt zu sprechen. Versuchen Sie, Ruhe zu bewahren, auch wenn es schwerfällt.

Vorsicht ist geboten, wenn ein Psychiater Ihnen zu schnell eine Prognose liefert. Prognosen sind bei psychischen Krankheiten äußerst schwierig und bewahrheiten sich oft nicht. Es geht jetzt auch nicht darum, wie sich die Krankheit in ein paar Jahren entwickeln könnte: Konzentrieren Sie sich auf die Gegenwart, fragen Sie, was *jetzt* für Ihr Kind getan werden kann und wie die nächsten Wochen ablaufen könnten.

Im Krankenhaus

Sicher möchten Sie Ihr Kind so oft wie möglich besuchen, Sie wollen jetzt für es da sein. Das ist mehr als verständlich, kann aber leicht zur Überforderung werden. Sie haben noch andere Verpflichtungen in Ihrem Leben und müssen – auch im Interesse Ihres erkrankten Kindes – auch an sich selbst denken. Überlegen Sie zusammen mit Ihrer Familie, wie oft Sie Ihr Kind besuchen können. Zwingen Sie Geschwister aber nicht zu Klinikbesuchen. Vielleicht haben sie Angst vor dem veränderten Verhalten ihres Bruders oder ihrer Schwester, oder die Psychiatrie ist ihnen unheimlich. Besuchen Sie das Kind einzeln, nicht in Gruppen. Zu viele Menschen auf einmal können es verwirren oder belasten. Für Ihr Kind ist Verlässlichkeit gerade jetzt besonders wichtig: Sagen Sie ihm genau, wann Sie kommen und wie lange Sie bleiben, und halten Sie sich an diese Zeiten.

Es kann sein, dass Ihr Kind unentwegt Forderungen oder Wünsche an Sie hat. Es braucht Geld, Kaffee, Jogginghosen, Zigaretten oder Süßigkeiten. Sie müssen nicht alle Forderungen erfüllen, entscheiden Sie, was Sie mitbringen wollen und können. Taschengeld geben Sie am besten den Krankenpflegern zur Aufbewahrung, damit sich Ihr Kind etwas kaufen kann. Rechnen Sie damit, dass Ihr Kind vieles verliert oder freigiebig mit anderen Patienten teilt. Das ist Stationsalltag.

Es ist anfangs schwer zu ertragen, wenn Ihr Kind nicht etwa freudig oder dankbar, sondern gleichgültig oder wütend auf Besuche reagiert. Vielleicht werden Sie sogar wegen der Krankenhauseinweisung beschimpft oder Ihnen wird die Krankheit zur Last gelegt. Oft ist die Heftigkeit der Reaktion ein Krankheitssymptom, das wieder vergeht. Aber es ist auch verständlich, dass jemand mit Frustration oder Wut reagiert, wenn er sich plötzlich krank und eingesperrt wiederfindet, vor allem, wenn er selbst nicht der Meinung ist, krank zu sein. Es verlangt Stärke von Ihnen, das zu akzeptieren, aber Ihr Kind braucht Sie und freut sich, wenn Sie kommen, auch wenn es das vielleicht gerade nicht zeigen kann.

Ruhe bewahren und sich nicht verunsichern lassen

So schwer es Ihnen jetzt fallen mag: Wenn Sie Ihrem Kind helfen wollen, dann sollten Sie seiner Aufgeregtheit etwas entgegensetzen. Selbstvorwürfe und gegenseitige Vorwürfe helfen dabei nicht. Weder Sie noch andere Familienmitglieder müssen Schuldgefühle haben und sollten auch nicht auf selbst ernannte Experten hören, die Ihnen ungefragt erklären, warum Ihr Kind krank geworden ist: Umweltverschmutzung, Internet und Handy, laxe Erziehungsprinzipien, Scheidung oder berufstätige Eltern. Es geht nicht darum, *weshalb* Ihr Kind erkrankt ist, sondern wie ihm *geholfen* werden kann. Sie brauchen jetzt Ihre ganze Kraft für Ihr Kind, Ihre Familie und sich selbst.

Lassen Sie sich auch nicht von Zeitungsartikeln verunsichern, in denen die Psychiatrie dämonisiert wird oder in denen vor Neuroleptika und gewissenlosen, von der Pharmaindustrie gekauften Psychiatern gewarnt wird. Es mag solche Mediziner geben, aber dann sind sie in jedem medizinischen Bereich anzutreffen. Nur weil Sie gelesen haben, dass ein Orthopäde Hüftgelenke an den Meistbietenden verkauft, würden Sie sich ja auch nicht grundsätzlich gegen eine Hüftgelenkoperation entscheiden, wenn Sie vor Schmerzen kaum mehr gehen können.

Hören Sie auch nicht auf Menschen, die vor einem bestimmten Medikament warnen, weil die eigene Tochter es nicht vertragen hat. Das mag gut gemeint sein, aber Medikamente wirken bei jedem anders. Auch die Unsicherheit, ob Ihr Kind in der besten Klinik ist, bei den besten Psychiatern und mit den besten Medikamenten behandelt wird, kann Ihnen niemand nehmen. Erkundigen Sie sich bei anderen Eltern und/oder beim Angehörigenverband nach deren Erfahrungen mit Kliniken und Ärzten. Aber letztlich müssen *Sie* eine Entscheidung treffen und der gewählten Klinik und den Ärzten dann auch Vertrauen entgegenbringen.

Achten Sie auf die Bedürfnisse Ihrer Familie

Es ist verständlich, dass Sie sich in der Anfangszeit vorwiegend auf das erkrankte Kind konzentrieren. Gerade jetzt ist es aber wichtig, dass Sie Ihren Lebenspartner und Ihre anderen Kinder nicht vernachlässigen: Auch diese stehen unter Schock und brauchen ebenso viel Liebe und Zuwendung wie das erkrankte Kind. Damit es nicht zu Konflikten oder gar Trennungen kommt oder Geschwister ebenfalls schwierige Symptome entwickeln, besprechen Sie in der Familie, wie sie die neue Situation gemeinsam bewältigen und fragen Sie nach den Bedürfnissen *aller* Familienmitglieder. Sie brauchen in dieser Situation den Zusammenhalt der ganzen Familie. Reden Sie gemeinsam darüber, wer welche Unterstützung braucht und wer sie geben kann.

Der schwierige Alltag

Oft haben sich bereits vor der Diagnose Schwierigkeiten im Alltag mit dem betroffenen Kind gezeigt. Rechnen Sie damit, dass dies auch nach der ersten Behandlung mit oder ohne Medikamente so bleiben kann oder sich sogar verstärkt. Möglicherweise verändert sich Ihr Kind: Die Medikamente können zu Gewichtszunahme oder merkwürdigen Bewegungsabläufen führen, vielleicht vernachlässigt sich Ihr Kind äußerlich und in seinem Zimmer breitet sich extreme Unordnung aus. Ihr Kind ist aber weder faul noch schlampig, oft handelt es sich bei der Vernachlässigung um Krankheitssymptome, und starke Müdigkeit ist eine Nebenwirkung der Medikamente. Machen Sie ihm daher keine Vorwürfe, das hilft ihm nicht, sondern verwirrt es noch zusätzlich.

Möglicherweise verhält sich Ihr Kind rücksichtslos gegenüber den anderen Familienmitgliedern, verweigert Haushaltspflichten, macht nachts Lärm oder Unordnung in der gesamten Wohnung. Es ist nicht einfach, hier eine Balance zu finden, denn Ihr Kind ist zwar psychisch krank, aber es ist Ihre Aufgabe als Eltern, den Lebensraum aller Familienmitglieder zu schützen. Wenn das erkrankte Kind weiterhin bei Ihnen lebt, sollten Sie daher klare Regeln aufstellen: Wer übernimmt welche Aufgaben, ab wann muss Ruhe herrschen, wo darf geraucht werden, wie redet man miteinander, wie klärt man Konflikte? Das erkrankte Kind braucht Regeln, klare Grenzen und Verlässlichkeit. Das kann schwerfallen, weil der Betroffene hilflos wirkt und Sie glauben, dass Sie ihm nichts zumuten können. Aber Sie sollten es versuchen. Wenn Ihr Kind diese Regeln krankheitsbedingt nicht einhalten kann, dann ist es unter Umständen besser, wenn es nicht weiter bei Ihnen wohnt. Suchen Sie sich Unterstützung und Rat bei Fachleuten, vor allem, wenn es sich um minderjährige Kinder handelt, die noch nicht alleine leben können. Mit konsequentem Verhalten schützen Sie alle Familienmitglieder und vermeiden, dass sich in der Anfangszeit bei Ihnen und dem Erkrankten Verhaltensweisen einschleifen, die langfristig allen Beteiligten schaden.

Auch Geld kann zu einem schwierigen Thema werden. Manche Erkrankte geben unkontrolliert Geld aus und fordern immer neue finanzielle Unterstützung – auch das ist ein Krankheitssymptom. Stellen Sie auch hier klare Regeln auf, wie viel Geld er oder sie bekommt. Lassen Sie sich nicht auf immer wieder neue Geldforderungen ein. Wenn Ihr Kind kein Geld mehr für Essen hat, helfen Sie lieber mit Lebensmitteln. Und: Bürgen Sie nicht, wenn Ihr Kind eine Wohnung mietet, eine solche Bürgschaft hat schon viele Eltern in enorme finanzielle Probleme gestürzt. Es gibt andere Möglichkeiten, Ihr Kind bei der Suche nach einer Wohnung zu unterstützen. Ich habe beispielsweise dem Vermieter meiner Tochter eine hohe Kaution angeboten und ihn darauf hingewiesen, dass meine Tochter eine Hausrat- und eine Haftpflichtversicherung abgeschlossen hat.

Wenn es Ihnen nicht gelingt, die hohen Geldausgaben zu verhindern, dann kann es sinnvoll sein, eine gesetzliche Betreuung für finanzielle Angelegenheiten zu beantragen. Das ist ein harter Eingriff in die persönliche Freiheit und wird daher auch von einem Gericht überprüft. Rechnen Sie damit, dass Ihr Kind Ihnen das sehr übelnehmen wird. Aber die Alternative mit hohen Schulden kann für Ihr Kind eine lebenslange Belastung sein.

Pflegen Sie Ihre sozialen Kontakte

Oft stürzt die Krankheit Sie dermaßen in Aktivität, Sorge und Aufregung, dass keine Zeit bleibt für Freunde und Verwandte und eigene Interessen. Vielleicht ziehen Sie sich auch zurück, weil Sie durch die Krankheit Ihres Kindes zu erschöpft sind. Das ist verständlich, aber auf Dauer nicht gut für Sie. Sie sollten sich nicht ausschließlich auf das erkrankte Kind konzentrieren. In dieser belastenden Situation brauchen Sie Zuwendung, Unterstützung und Ablenkung durch Ihr persönliches soziales Netzwerk. Wenn Sie vereinsamen und nur noch über Krankheit, Medikamente und Krankenhausbesuche nachdenken, sind Sie nicht gut in der Lage, Ihrem Kind zu helfen. Rechnen Sie aber nicht damit, dass Sie überall auf Verständnis treffen. Nicht alle Freunde und Bekannte reagieren mit Mitgefühl oder gar spontaner Hilfsbereitschaft, es gibt immer noch viele Vorbehalte. Ziehen Sie sich aber nicht nach jeder kränkenden Bemerkung zurück. Nicht alle gedankenlosen Bemerkungen sind verletzend gemeint. Bedenken Sie: Ebenso wie Sie selbst sind Familie und Freunde anfangs mit der Diagnose überfordert. Gehen Sie mit dem Thema daher offen auf sie zu, verheimlichen Sie nichts, versuchen Sie nicht, es totzuschweigen. Aber belasten Sie andere Menschen auch nicht mit ständigen Gesprächen darüber.

Die Krankheit Ihres Kindes verlangt Ihnen viel Kraft ab, Freunde oder Familie können Ihnen dabei eine Hilfe sein.

Wenn Sie die Krankheit aus Scham oder Rücksicht verheimlichen, können diese Sie auch nicht unterstützen. Viele Menschen glauben, sie müssten das Problem lösen und fühlen sich entsprechend hilflos. Machen Sie ihnen daher deutlich, welche Form von Unterstützung Sie sich wünschen: einen netten Abend unter Freunden, Gespräche, einen Kinobesuch, einen Krankenhausbesuch, einen Anruf bei der kranken Tochter, eine Postkarte oder, noch besser, ein Päckchen ins Krankenhaus mit Dingen, die dort immer willkommen sind: löslicher Kaffee, Cola, Shampoo, Zigaretten und vielleicht ein kleines Geldgeschenk.

Wenn Menschen Ihnen allerdings anhaltend Vorwürfe machen, sollten Sie sich von ihnen fernhalten. Im Laufe der Jahre habe ich aber festgestellt, dass es auch an mir liegt, ob meine Familie oder Freunde Anteil nehmen und mich unterstützen.

Geben Sie Arbeit und Hobbys nicht auf

Wenn in Ihrem Leben nichts mehr »normal« zu sein scheint, ist es wichtig, eine gewisse Normalität aufrechtzuerhalten. Auch wenn Sie sich jetzt ausschließlich auf Ihr krankes Kind konzentrieren wollen: Geben Sie Ihre Arbeit nicht auf, um mehr Zeit zu haben. Es mag zunächst eine Entlastung sein, wird aber später zur Belastung. Sie verlieren eine Bestätigung außerhalb Ihrer Familie, soziale Kontakte bei der Arbeit und – nicht unwichtig – auch ein Einkommen.

Das Gleiche gilt für Dinge, die Ihnen Freude machen. Die Krankheit Ihres Kindes ist kein Grund dafür, sich aufzuopfern. Das hilft weder Ihrem Kind, noch Ihnen, Ihrem Lebenspartner oder anderen Kindern. Hobbys, Sport und Kulturangebote sind jetzt mehr denn je wichtig für Ihr Wohlbefinden.

Trinken Sie in der Sonne entspannt einen Espresso. Gehen Sie mit Freunden ins Kino, treffen Sie sich mit Freundinnen zum Fußballschauen. Damit werden Ihre Gedanken für einige Stunden von Kummer und Sorgen abgelenkt. Freude, Entspannung und neue Eindrücke halten Sie gesund und können zu sozialen Kontakten führen, die in Ihrer Lebenssituation besonders wichtig sind. Wenn Sie von Beginn an auch an Ihr eigenes Wohlbefinden denken, ist es einfacher, dies über Jahre beizubehalten. Wenn Sie sich aber jahrelang aufopfern, kann es später einen großen Kraftaufwand erfordern, sich auch wieder um sich selbst zu kümmern.

Suchen Sie sich Unterstützung durch Therapie

Wenn die Belastung für Sie oder Ihre Familie zu groß wird, dann kann eine Psychotherapie für Sie das Richtige sein. Suchen Sie für sich selbst einen Therapeuten, der Psychiater Ihres Kindes ist nicht der richtige Ansprechpartner. Erkundigen Sie sich aber vorher, ob dieser Therapeut sich auch mit psychischen Krankheiten auskennt, das ist nicht bei allen Therapeuten der Fall. Persönlich empfehle ich Therapeuten, die sich nicht in erster Linie auf Ihre schwierige Vergangenheit oder die Ihres Kindes konzentrieren, sondern die praktische Lebenshilfe im Umgang mit Ihrem psychotischen, depressiven oder manischen Kind geben können. Auch eine Familientherapie kann helfen.

2 Verwirrte Gefühle

Um unsere Belastungen besser zu verstehen, sollten wir uns klarmachen, dass es einen Unterschied macht, ob ein Kind an einer physischen oder einer psychischen Krankheit leidet. Zu der Sorge oder Angst um ein krankes Kind kommen bei einer psychiatrischen Diagnose noch dessen stark verändertes Verhalten hinzu ebenso wie Reaktionen der Umwelt, auf die niemand vorbereitet ist.

Wenn Eltern über längere Zeit dem verwirrten Verhalten eines psychisch Kranken ausgesetzt sind, können sie allmählich in diese Verwirrung hineingezogen werden. Eine psychische Erkrankung kann sich in Wahnvorstellungen, sprunghaften Gedanken, rücksichtslosen Forderungen, Misstrauen, unkorrigierbaren Überzeugungen, Reizbarkeit, starken emotionalen Schwankungen oder auch in tagelanger Lethargie zeigen. Niemand in der Umgebung bleibt davon unberührt. »Wahnsinn ist ansteckend«, schreibt der Psychiater Frank Farelly und verweist damit auf die gedankliche und gefühlsmäßige Verwirrung, die auch Eltern befallen kann. Eine psychische Krankheit kann Betroffene und ihre Eltern ihr Leben lang begleiten. Es kann lange ruhige Phasen geben, aber niemand kann voraussagen, ob nicht wieder eine Krise kommen wird. Diese Unberechenbarkeit psychischer Krankheiten versetzt Eltern dauerhaft in Alarmbereitschaft. Ihr Stresspegel gleicht dem von Studenten vor einer wichtigen Prüfung. Bei Studenten sinkt er nach überstandener Prüfung wieder ab, bei Eltern psychisch Kranker bleibt er dauerhaft hoch.

Es kommt zu einer Gefühlsüberflutung: Mit anzusehen, wie das eigene Kind in eine fremde Realität abgleitet oder panische Angst hat, kann Grauen auslösen. Beschimpfungen und Rücksichtslosigkeiten zu erleben, schürt eigene Angst oder Ärger, der Rückzug eines depressiven Kindes kann zu Verzweiflung und Trauer führen. Anders als Eltern somatisch kranker Kinder stellen Eltern psychisch Erkrankter sich die Schuldfrage, sie schämen sich, weil diese Krankheit in ihrer Familie vorkommt und dafür, dass ihr Kind sich in der Öffentlichkeit seltsam benimmt. Sie wissen nicht, wie sie diesem Verhalten begegnen sollen, fragen sich, ob sie die *richtigen* Gefühle haben, wenn sie sich ärgern, verletzt sind oder wütend werden. Dürfen sie ihr psychisch erkranktes Kind auffordern, sich an Alltagsregeln zu halten oder müssen sie ihm *alles* nachsehen, weil es krank ist? Müssen sie die Folgen eines unverantwortlichen Verhaltens tragen oder kann der Erkrankte auch selbst Verantwortung übernehmen? Bin ich meinem Kind gegenüber zu wenig solidarisch, wenn ich mich in bestimmten Situationen in der Öffentlichkeit schäme? Bin ich eine schlechte Mutter oder ein rücksichtsloser Vater, wenn ich mein Kind nicht täglich sehen will und auch nicht mehrfach am Tag mit ihm telefonieren möchte?

Auch dies unterscheidet eine psychische Krankheit von einer somatischen: Erstere kommt nicht plötzlich, sondern Vorboten einer psychischen Erkrankung können den inneren Frieden einer Familie schon Jahre zuvor empfindlich gestört haben, ohne dass die einzelnen Familienmitglieder verstehen, weshalb. Entsprechende Erfahrungen in Familien ähneln einander: Die betroffenen Kinder verlieren möglicherweise die Fähigkeit, angemessen zu kommunizieren, mit Beziehungen oder mit Stress umzugehen. Eltern beobachten diese Veränderungen mit Sorge, schreiben sie aber zunächst der Pubertät oder einer schwierigen Phase zu. Sozialer Rückzug, schlechte Schulnoten, unangemessenes Verhalten in der Familie, das alles kommt auch bei gesunden Kindern vor. Eltern glauben oder hoffen, dass sich solche Phasen wieder geben. Sie versuchen, das Problem selbst zu lösen und reagieren mit vertrauten Maßnahmen wie Strenge, Liebe, Schulwechsel, Nachhilfestunden, Psychotherapeuten. Schon in dieser Zeit können die Familienbeziehungen leiden. Die Geschwister leiden unter dem anstrengenden Verhalten des betroffenen Kindes oder darunter, dass die Eltern sich vor allem auf das »schwierige« Kind konzentrieren. Sie ziehen sich zurück oder versuchen, durch unangepasstes Verhalten ebenfalls Aufmerksamkeit auf sich zu ziehen. Von den Eltern erfordert es viel Kraft, diese Gefühlslagen in der Familie zu managen. Oft geraten sie in so einer Situation miteinander in Konflikt, weil sie uneinig darüber sind, wie die Probleme angegangen werden sollen oder wer das Problem verursacht hat. Oft leidet auch die Liebesbeziehung der Eltern unter dieser Belastung, so dass sie sich nicht mehr gegenseitig stützen. Wenn Eltern nach einiger Zeit realisieren, dass sich das Verhalten des Kindes nicht ändert, reagieren sie hilflos. Alle leiden, weil niemand in der Lage ist, angemessen mit der Situation umzugehen. Unsicherheit, aber auch Scham können verhindern, dass innerhalb der Familie offen darüber geredet wird. Das kann zu zusätzlichen Konflikten führen: Jedes Familienmitglied entwickelt eigene Vorstellungen darüber, wie es zu dem »Problem« kommt. Eltern schieben sich gegenseitig die Schuld zu, Geschwister haben Angst, dass sie Schuld treffen könnte. Nach außen wird erst recht nicht darüber geredet, weil man glaubt, Probleme innerhalb der Familie lösen zu müssen.

Für manche Familien hält die Phase, in der Probleme voreinander verschwiegen werden, ein Leben lang an. In anderen wird die Belastung nach einiger Zeit so groß, dass Eltern erkennen müssen, dass sie damit allein nicht fertig werden. Viele entschließen sich erst spät, professionelle Hilfe aufzusuchen. Niemand wird zögern, ein Kind mit einem gebrochenen Bein in die Klinik zu bringen. Aber es braucht Zeit, bis Eltern bei sich zulassen, dass es sich um ein psychisches Problem handeln könnte. Möglicherweise empfinden sie es als beschämend, ein psychisch krankes Kind zu haben, oder sie haben Angst davor, dem Kind eine psychiatrische Behandlung zuzumuten. Und sie fürchten Schuldzuweisungen.

Für manche Eltern ist eine Diagnose dann fast eine Erleichterung, weil nun klar zu sein scheint, dass weder ihr Kind »böse« ist, noch sie selbst in der Erziehung etwas falsch gemacht haben: Ihr Kind ist krank.

Nun beginnt eine Phase, in der sie versuchen, das Chaos, das durch die Diagnose in ihr Leben eingebrochen ist, angemessen zu managen. Sie kämpfen darum, mit der Krankheit richtig umzugehen, aber genau das ist so schwierig: Wie verhalten sie sich denn »richtig«? Können sie sich »normal« verhalten oder ist ein besonderes Verhalten erforderlich? Sie sind vorsichtig, weil sie Angst haben, die Krankheit negativ zu beeinflussen oder weil sie »verrückte« Verhaltensweisen fürchten. Praktische Hilfe für den Umgang mit ihrem Kind im Alltag erhalten sie selten. Es kann Jahre dauern, bis Eltern Informationen über die Erkrankung, Beratungsstellen, Weiterbildungsangebote oder Gesprächsgruppen gefunden haben. Anfängliche Hoffnungen auf Therapie oder gar Heilung werden bald enttäuscht. Außerdem machen Eltern Erfahrungen, die bei körperlichen Krankheiten selten auftreten. Dies verstärkt ihre Verzweiflung. Viele Eltern entwickeln daher in der Anfangszeit Verhaltensweisen, die weder für ihr Kind noch für sie selbst gut sind. Diese Verhaltensmuster können zu einem Dauerzustand werden. Nach einigen Jahren ist nicht nur die Krankheit selbst, sondern sind auch unangemessene Bewältigungsstrategien der Eltern Ursache ihrer Belastungen.

Ich brauche keine Hilfe, ich bin nicht krank

Vollends unvorbereitet werden Eltern damit konfrontiert, dass viele psychisch Kranke eine Behandlung verweigern, weil sie selbst sich nicht als krank sehen. Es ist kaum vorstellbar, dass ein Kind, das an einer Blinddarmentzündung leidet, sich vehement dagegen wehrt, ins Krankenhaus gebracht zu werden. Aber psychisch Kranke wehren sich gegen Krankenhaus und Medikamente und beschuldigen noch ihre Eltern, sie völlig unbegründet einsperren zu lassen. *Sie* sind nicht krank, es sind die Eltern, die sich unvernünftig verhalten. Eltern sehen, wie sich ihr Kind verändert, seinen Rückzug oder seine Angst, und wollen einfach nur, dass ihrem Kind geholfen wird. Dessen Weigerung, Hilfe anzunehmen, ist für sie verstörend. Sie müssen erkennen, dass niemand ihr volljähriges Kind zwingen kann, ins Krankenhaus zu gehen oder Medikamente zu nehmen. Alle zur Verfügung stehenden Hilfen muss der Erkrankte selbst beantragen. Genau das tut er aber nicht, weil er sich nicht für krank hält. Eltern stehen dem hilflos gegenüber, aber langsam wird ihnen klar, dass niemand etwas dagegen tun kann, wenn durch eine Manie oder eine Psychose das soziale Leben eines Menschen gefährdet ist.

Kaum Rat aus der Psychiatrie

Auch der erhoffte Trost oder wenigstens eine gründliche Aufklärung nach dem Schock einer Diagnose bleibt bei Eltern psychisch Kranker häufig aus. Sie möchten über die rätselhafte Krankheit ihres Kindes und Therapiemöglichkeiten aufgeklärt werden, und sie wollen Hinweise, wie sie sich verhalten sollen. Eltern haben hohe Erwartungen, die von Psychiatern nur enttäuscht werden können. Diese haben zu wenig Zeit und manche ihrer Erklärungen werden von Eltern anfangs noch nicht verstanden. Manche Ärzte verweisen auf die Schweigepflicht oder verstecken sich hinter Erklärungen zum chemischen Ungleichgewicht des Gehirns, oft haben sie auch Vorbehalte gegenüber Eltern. Nach dem Krankenhaus fehlt ein professionell begleiteter Übergang mit entsprechenden Angeboten und Informationen zu ambulanten Hilfen. Viele Eltern fühlen sich alleingelassen und der Krankheit ausgeliefert. Zu Recht hat der Psychiater Asmus Finzen die Haltung der Psychiatrie zu Angehörigen in einem Artikel als »Zumutung für die Familien« beschrieben. Zu ihrer Überraschung werden Eltern, vor allem Mütter, auch noch mit expliziten oder impliziten Vorwürfen konfrontiert: Es wird ihnen nicht nur suggeriert, dass sie in der Vergangenheit etwas falsch gemacht haben, auch in der Gegenwart machen sie Fehler. Sie tun zu viel für ihr Kind, sie sind überfürsorglich, heißt es. Das trifft Mütter hart. Plötzlich ist es nicht mehr *normal*, wenn eine Mutter mit aller Kraft versucht, das Schlimmste von ihrem kranken Kind fernzuhalten. Dabei ist es nicht nur normal, sondern die Gesellschaft erwartet es auch von Müttern. Es ist normal, auch wenn es bei einer psychischen Krankheit nicht immer das Richtige ist.

Diese reale oder gefühlte Distanz der Psychiater zu Eltern

psychisch Kranker hat Konsequenzen: Deren erster Kontakt mit der Psychiatrie prägt wesentlich ihre Einstellung zu Ärzten und Krankenhäusern. Gelingt der Kontakt, kann eine gute Kooperation folgen, misslingt er, sind Angehörige oft noch Jahre danach verbittert und misstrauisch. Oft übertragen sie dieses Misstrauen auf ihre Kinder, obwohl diese ihren Ärzten Vertrauen entgegenbringen sollen.

Intransparenz der Behandlung

Anders als bei somatischen Krankheiten ist bei psychischen Erkrankungen auch nicht unmittelbar einsichtig, was in der Klinik für das erkrankte Kind getan wird. Es wird nicht verbunden oder operiert, man sieht dem Kind keine äußere Verletzung an. Eltern fragen sich daher besorgt, ob im Krankenhaus oder beim niedergelassenen Arzt überhaupt etwas Sinnvolles geschieht, weil keiner sich die Mühe macht, sie darüber aufzuklären.

Handelt es sich bei neu auftretenden Symptomen um Auswirkungen der Krankheit oder wurde der Patient falsch behandelt? Wenn Nebenwirkungen der Medikamente auftreten, wurden dann die falschen Medikamente verschrieben?

Eltern beobachten, wie Patienten in der Psychiatrie lange Zeit beschäftigungslos über die Station wandern, stumm vor ihrem Kaffee im Aufenthaltsraum sitzen oder frierend in dünnen Jogginghosen vor dem Betonaschenbecher im Klinikeingang stehen. Wie *behandeln* die Ärzte denn meine Tochter, habe ich mich oft gefragt. Was *tun* sie denn, damit es Lena wieder besser geht, außer ihr morgens und abends Tabletten zu geben? Wie soll denn Seidenmalerei gegen Schizophrenie wirken oder eine Gesprächsgruppe gegen Halluzinationen?

Weil wir nicht verstehen, was dort getan wird, können wir es nur schwer aushalten, dass unsere Kinder uns beschimpfen, weil wir sie »einsperren« lassen und wenn sie beim Abschied schluchzend versuchen, uns festzuhalten. Viele Eltern wissen nicht, ob sie den Ratschlägen der Fachleute oder ihren eigenen Gefühlen folgen sollen. Es zerreißt einer Mutter das Herz, die verzweifelte 22-jährige Tochter auf der psychiatrischen Station zurückzulassen, wenn diese schluchzend nach ihr ruft. Wir sind hin- und hergerissen zwischen der Hoffnung, dass dort etwas für unser Kind getan werden kann und unseren Schuldgefühlen, weil wir nicht wissen, ob es das Richtige ist.

»Die Ärzte haben meinen Sohn mit ihren Medikamenten erst krank gemacht«, sagt Manfred N. »Ich hätte ihn nie ins Krankenhaus bringen dürfen.« Anfangs glaubte er, richtig gehandelt zu haben: Sein Sohn konnte nicht mehr arbeiten, schlief kaum und fuhr seine Freundin beim kleinsten Anlass an. Im Krankenhaus erhielt er erstmals Medikamente. Zwei Wochen später erkannte er seine Mutter nicht mehr und fühlte sich aus versteckten Kameras im Aufenthaltsraum beobachtet. Manfred N. ist froh, dass sein Sohn die Medikamente abgesetzt hat, die ihn, wie er glaubt, erst richtig krank gemacht haben. Für ihn ist klar, dass die Ärzte seinen Sohn falsch behandelt haben und daher an der Verschlechterung seines Zustands schuld sind. Manfred N. lehnt seither jede medikamentöse Behandlung für seinen Sohn ab, weswegen dieser nun seit Jahren die klassische Drehtürpsychiatrie mitmacht. Eine frühzeitige Aufklärung und Einbeziehung hätten den Vater vielleicht befähigt, bessere Entscheidungen zu treffen.

Eltern als Störfaktoren

Besonders hart trifft es Eltern, wenn sich ihre Kinder ihnen gegenüber plötzlich ablehnend bis aggressiv verhalten. »Meine Tochter hasst mich. Sie ist überzeugt davon, dass ich ihr Leben zerstört habe, weil ich sie in die Psychiatrie gebracht habe.« Sabine F. leidet unter den Vorwürfen ihrer Tochter. »Sie ruft ständig an und will, dass ich zu ihr ins Krankenhaus komme, aber wenn ich dann da bin, beschimpft sie mich.« Es trifft Eltern schwer, wenn sie von den Kindern die Schuld an deren Erkrankung zugeschoben bekommen: Sie wurden falsch erzogen, in die falsche Schule geschickt, von ihnen wurde zu viel oder zu wenig erwartet. Eltern haben sich scheiden lassen oder sind umgezogen, sie hätten sie nicht in die »Klapse« einsperren lassen dürfen. Wohnt das Kind wieder zu Hause, wird manchmal jede Forderung nach Einhaltung von Regeln oder Rücksichtnahme mit Aggression beantwortet. Es ist sehr schmerzhaft, so von seinem Kind behandelt zu werden, obwohl wir nichts anderes wollen, als ihm dabei zu helfen, wieder in der Realität anzukommen. Aber ein psychotischer, manischer oder depressiver Mensch ist vollkommen auf sich bezogen und kann daher für das, was außerhalb von ihm geschieht, emotional blind werden. Um dies auszuhalten, hilft es nur, das eigene Ego vollkommen auszuschalten, schreibt der Lebenspartner einer Frau, die an Depressionen leidet.

Es braucht Zeit, bis Eltern verstehen und akzeptieren können, dass es sich auch bei diesen unverständlichen oder rücksichtslos wirkenden Verhaltensweisen um Krankheitssymptome handelt.

Verluste

Zu diesen beunruhigenden Erfahrungen kommt für Eltern psychisch Kranker hinzu, dass sie viele Verluste hinnehmen müssen. Das veränderte Verhalten des Kindes kann ihnen das Gefühl geben, einen Menschen verloren zu haben, den sie kannten und liebten. »Wir hatten so viele gemeinsame Interessen, haben uns über Geschichte unterhalten und Bücher ausgetauscht, die uns beide interessiert haben«, sagt Helmut B. »Wir sind zusammen in Konzerte und Opern gegangen, ich habe selbst Geige gespielt und ihr auch ihren ersten Geigenunterricht gegeben. Das hat uns beiden so viel Freude gemacht.« Helmut B. hat immer noch ein gutes Verhältnis zu seiner 33-jährigen Tochter, die seit zwölf Jahren krank ist. Er ist froh darüber, dass sie gut versorgt ist, in einer eigenen Wohnung wohnt und durch die Medikamente stabil ist. Aber manches Mal denkt er mit Wehmut und Sehnsucht an die Lisa zurück, mit der er so viele Interessen teilte.

Man spürt die Trauer über den Verlust des Kindes in der Freude, die Eltern empfinden, wenn sie nach einer Krise das »wirkliche« Kind wiedererkennen. »Ich bin so glücklich darüber, dass es Peter wieder gut geht. Er hat uns zu seinem Geburtstag eingeladen, wunderbar gekocht und war wieder so vergnügt. Ich hatte meinen humorvollen, witzigen Peter wieder, den ich so lange vermisst hatte«, sagt Julia K.

Auch ich vermisste in schwierigen Phasen die Tochter, mit der ich mich so gut unterhalten kann und den gleichen Filmgeschmack und Humor teile.

Eltern verlieren auch viele ihrer sozialen Kontakte. Oft sind sie zu erschöpft, diese zu pflegen, machen aber auch die Erfahrung, dass Freunden und Familie die Krankheitsgeschichten zu viel werden, dass Bekannte sich zurückziehen, weil sie nichts mit psychischen Krankheiten zu tun haben wollen. Eltern betrauern den Verlust der Zukunftsträume für ihre Kinder, müssen aber auch viele ihrer eigenen Lebenswünsche aufgeben.

»Falsche« Gefühle

Bei keiner somatischen Krankheit müssen Eltern damit umgehen, dass ihnen das Verhalten ihres Kindes plötzlich vollkommen fremd wird. Bei einer psychischen Krankheit kann es zu einem Verlust an Empathie kommen. Die Betroffenen können sich nicht mehr in die Gefühle anderer Menschen hineinversetzen. Eltern und Geschwistern scheint es dann, als ob ihre Gefühle und Bedürfnisse bewusst missachtet würden. Auch wenn das erkrankte Kind darauf hingewiesen wird, dass seine Bemerkung verletzend ist – es weiß nicht, wovon die Rede ist. Die Unfähigkeit, die Perspektive eines anderen Menschen einzunehmen oder anzuerkennen, kann das Beziehungsgleichgewicht innerhalb einer Familie empfindlich stören. Wenn Menschen zusammen leben wollen, müssen bestimmte Gefühle geteilt werden. Es muss eine Übereinstimmung darüber geben, wie sie fühlen, wie sie ihre Gefühle zeigen und wie sie auf Gefühle reagieren. Wir empfinden Mitleid, wenn jemand traurig ist, freuen uns, wenn es jemandem gut geht, ärgern uns, wenn jemand keine Rücksicht nimmt und sind besorgt, wenn einem Menschen, den wir lieben, etwas Schlimmes zugestoßen ist. Wenn wir jemanden unbeabsichtigt gekränkt haben, wird es uns leidtun. Wir können nachfühlen und verstehen, was andere Menschen freut, sie traurig macht oder ärgert. Einem Menschen mit akuter psychischer Erkrankung fehlt diese Fähigkeit, deswegen kann er nicht verstehen, warum eine Bemerkung kränkend sein sollte, warum es seine Mutter traurig macht, wenn er sie anschreit.

»Meine Tochter ist manchmal so unglaublich bösartig zu mir, ich erkenne sie gar nicht wieder«, sagt Karin D. »Sie war sonst so ein liebevolles Mädchen, aber jetzt reagiert sie auf jede Bitte, den Tisch abzuräumen oder ihr Radio leiser zu stellen, mit Wut. Ich weiß ja, dass das die Krankheit ist, ich will ihr das auch nicht übelnehmen. Aber manchmal tut es schon sehr weh. Es ist schwer für mich, immer gelassen zu bleiben.«

Im Zusammenleben ist es anfangs schwer zu verstehen, dass dieses »bösartige« Verhalten ein Krankheitssymptom sein soll. Es kommt uns vor, als habe der Betroffene plötzlich *falsche* Gefühle. Diese *falschen* Gefühle können den Alltag einer Familie stark beeinträchtigen, weil unausgesprochene Regeln des Zusammenlebens nicht mehr befolgt werden. Dazu gehören so einfache Dinge wie die Rücksicht auf nächtliche Ruhe: Die meisten Menschen können nachvollziehen, dass Rockmusik bis 3.00 Uhr morgens andere Familienmitglieder stört oder dass man sich bei der Benutzung des Badezimmers am Morgen so einigen muss, dass alle pünktlich zur Schule oder zur Arbeit kommen. Bei einem psychisch Kranken stimmen die Gefühle plötzlich nicht mehr mit denen der anderen überein. Eltern erleben ein Verhalten, dass sie normalerweise als unverschämt oder rücksichtslos bezeichnen würden, müssen aber verstehen, dass es sich um Krankheitssymptome handelt, die von den Betroffenen nicht immer gesteuert werden können. Ratschläge aus dem Umfeld helfen wenig, weil das, was in »normalen« Situationen helfen würde, nicht hilft, wenn die Situation nicht mehr »normal« ist. Für Eltern ist es ein emotionaler Kraftakt, sich täglich wieder darauf einzustellen und dennoch einen einigermaßen normalen Alltag aufrechtzuerhalten. Diese Erfahrung macht Eltern psychisch Kranker einsam, denn sie können sie mit den wenigsten Menschen teilen. Es ist etwas anderes, über ein Symptom gelesen zu haben, als es bei einem geliebten Menschen zu erleben und täglich damit umzugehen.

Manchmal sind auch Reaktionen aus unserer Umgebung verwirrend und enttäuschend. Auch Familie und Freunde verhalten sich nicht »normal«: Statt zu helfen oder Mitgefühl zu zeigen, ziehen sich manche Freunde oder Verwandte zurück oder – fast noch schlimmer – konfrontieren Eltern mit ihrem »Wissen« über die Entstehung psychischer Krankheiten: Die schlechten Beziehungen der Eltern, falsche Erziehungsmethoden und frühkindliche Traumata haben die Krankheit hervorgerufen. Die Umwelt oder das Internet sollen eine schädliche Rolle gespielt haben. In unserer therapeutischen Kultur glaubt jeder, der schon mal den Namen Sigmund Freud gehört oder eine Ausgabe von *Psychologie heute* gelesen hat, mit Autorität darüber sprechen zu können, wie psychische Krankheiten entstehen.

Zwischen den Fronten

Und noch etwas trägt zur Verwirrung von Eltern bei: Je mehr Bücher wir lesen oder Vorträgen wir zuhören, desto mehr beschäftigt uns der Schulenstreit der Psychiater. Biologische Psychiater und Sozialpsychiater greifen sich gegenseitig an und erwarten, dass wir einer Seite applaudieren. Manche beschäftigen sich mit neuen Erkenntnissen der Hirnforschung, andere wehren das vehement ab und sehen die Umwelt als Hauptfaktor. Die Psychiater unserer Kinder ermahnen uns, auf eine regelmäßige Medikamenteneinnahme zu achten, andere warnen vor den Nebenwirkungen von Medikamenten und raten, keine oder möglichst wenige Medikamente zu nehmen. Zu Recht weist der Psychiater Paul Hoff darauf hin, dass die Kontroverse um psychische Krankheiten nicht zum Spielball für Ideologien werden darf. Es ist wichtig und richtig, dass sich die Wissenschaft mit diesen Kontroversen beschäftigt, aber wir Eltern sind kaum in der Lage, uns einen Überblick über den Stand der Wissenschaft zu verschaffen. Wir wollen nur, dass unserem Kind geholfen wird.

Eltern machen sich Sorgen, wenn sie den Ausführungen der medikamentenkritischen Ärzte lauschen, geraten aber ebenso in Panik, wenn ihre Kinder die Tabletten absetzen wollen. Gerade diese Diskussion macht vielen Eltern Angst, weil sie kaum Einfluss darauf haben, ob oder welche Medikamente ihr Kind nimmt. Oft übernehmen sie den Standpunkt der Seite, der sie öfter zuhören oder der ihre eigenen Befürchtungen bestätigt. Ich selbst halte mich nicht für befähigt, diese Diskussion sachgerecht zu beurteilen. Soll ich meine Tochter bestärken, Tabletten zu nehmen? Schade ich ihr damit? Aber ich habe auch gesehen, was geschieht, wenn sie ihre Tabletten absetzt. Auch die Dauerkritik an Psychiatern und Krankenhäusern verunsichert uns: Wem sollen wir eigentlich trauen?

Ich selbst weiß bis heute nicht, ob ich das Richtige tat, als ich zuließ, dass meine Tochter monatelang in der Jugendpsychiatrie blieb. Hätte ich Einspruch einlegen müssen, als Lena sofort starke Neuroleptika gegeben wurden, ohne ein paar Tage abzuwarten und sie zu beobachten? Sollte ich den Ärzten glauben, die sagten, meine Tochter leide an einer extrem schweren psychischen Krankheit, oder hätte ich auf Menschen hören sollen, die mir rieten, Lena dort wegzuholen? War ich eine schlechte Mutter und hasste mich Lena, wenn sie mich so heftig beschimpfte? Ich wollte das Richtige für meine Tochter tun, wusste aber nicht, was das Richtige war. Weil ich nicht wusste, was richtig war, tat ich das, was ich für richtig *hielt*: Ich glaubte, sie für ihr schlimmes Schicksal entschädigen zu müssen und wollte alles versuchen, um sie aus ihrer Krankheit herauszuholen. Wenn ich mich genug anstrengen würde, dann müsste es ihr doch irgendwann wieder gut gehen. Ich stellte vieles in meinem Leben zurück und reagierte mit Nachgiebigkeit auf jede ihrer Verhaltensweisen. Lenas Aufgeregtheit beantwortete ich mit eigener Aufgeregtheit. Den Rat, auch an mich zu denken, wehrte ich ab. Konnten Ärzte oder Freunde denn überhaupt verstehen, wie das für eine Mutter war? Niemand, so glaubte ich damals, kann beurteilen, was eine Mutter fühlt, wenn ihr Kind von dieser furchtbaren Krankheit betroffen ist.

Auch Sarah G. schafft es nicht, ihrem Sohn gegenüber konsequent zu sein. Bei dem 16-jährigen Tim wird eine paranoide Schizophrenie diagnostiziert. Seine Mutter ist erleichtert, dass sie jetzt eine Erklärung für sein schwieriges Verhalten hat. Jahrelang hat sie seine Rücksichtslosigkeit, Schlampigkeit und sein Schulschwänzen ertragen. Sie ist froh, dass er jetzt im Krankenhaus ist und hat Vertrauen in die Ärzte. Aber Tim will dort nicht bleiben und ruft sie Tag und Nacht schluchzend oder drohend an. Sie kann es einfach nicht aushalten, ihren Sohn in der Klinik zu lassen. Die Ärzte raten ihr dringend davon ab, Tim aus dem Krankenhaus zu nehmen. Aber Tim will wieder nachhause. Er schwört, dass ab jetzt alles anders wird. »Ich schaffe das, Mama, glaub mir. Ich nehme jetzt die Tabletten, die helfen mir, ich will einfach nur bei dir sein. Ich hab dich so lieb, Mama.« Sarah G. kann sein Schluchzen nicht ertragen, sie gibt nach. Tim kommt wieder nachhause. Drei Tage geht es gut, dann ist alles wieder wie vorher. Er geht nicht mehr in die Schule, trifft sich mit seinen alten Freunden, verwüstet sein Zimmer, klaut dem kleinen Bruder das Handy und schreit seine Mutter an. Vier Monate hält sie es aus, dann bringt sie ihn wieder in die Klinik.

Von Fachleuten wird uns Inkonsequenz oder zu große Fürsorglichkeit vorgeworfen, sicher nicht immer zu Unrecht. Aber in einer solchen Situation ist es fast übermenschlich, nicht inkonsequent oder überfürsorglich zu sein. Auch deswegen, weil wir ohne die notwendige Aufklärung nicht angemessen auf die Krankheit reagieren können. Langfristig hat es sich negativ für mich ausgewirkt, alles den Wünschen meiner Tochter unterzuordnen: Ich war anhaltend frustriert und chronisch erschöpft, ohne dass es meiner Tochter half. Andere Eltern versuchen, ihr Kind zu retten, nehmen ihm alles ab, schützen es vor jeder Anforderung. Wieder andere Eltern kontrollieren ihr Kind, um Schaden von ihm abzuwenden. Wie bei Sarah G. und bei mir ist es nicht die Krankheit allein, es sind auch unsere Bewältigungsstrategien, die zu unserer hohen Belastung führen.

3 Gefühle verändern

Schuldgefühle, Sorgen, Scham

Eltern psychisch Kranker empfinden Wut, leiden unter Schuldgefühlen und Hoffnungslosigkeit und glauben, diesen Gefühlen hilflos ausgeliefert zu sein. Sie halten die Krankheit, ihre schwierige Situation, das Verhalten des Kindes, unfreundliche Ärzte, intolerante Nachbarn und die stigmatisierende Gesellschaft für die alleinige Ursache dieser belastenden Gefühle. Daher nehmen sie auch an, dass diese Gefühle sich nur dann ändern können, wenn sich auch die Bedingungen ändern: Wenn das Kind gesund wird, der Arzt freundlich, die Nachbarn verständnisvoll und die Gesellschaft endlich ihre Vorurteile gegenüber psychisch Kranken aufgibt. Wenn sie aber über die Jahre erkennen müssen, dass genau das nicht passieren wird, führt das zu Resignation und Hoffnungslosigkeit.

»Gefühle lassen sich doch nicht ändern«, habe ich häufig gehört. »Die habe ich einfach, dagegen kann ich nichts machen. Was soll ich denn tun, wenn ich Angst um mein Kind habe oder wenn ich mich schäme, weil meinen Sohn auf der Straße kritische Blicke treffen?«

In der Psychotherapie geht es aber genau darum: Sich seiner Gefühle bewusst zu werden, zu erkennen, welche Gefühle uns quälen oder schaden, und sie dann zu verändern. Wenn sich Gefühle nicht verändern ließen, hätten unsere erkrankten Kinder schlechte Karten. Es ist genau das, was sie in ihrer Psychotherapie – unterstützt durch Medikamente – lernen sollen: nämlich ihre Gefühle und Gedanken zu erkennen und zu lernen, wie sie diese kontrollieren und verändern können. Auch das Recovery-Konzept geht davon aus, dass Betroffene ein besseres Leben führen können, wenn es ihnen gelingt, ihre belastenden Gefühle zu verändern. Warum sollte das für Eltern nicht ebenso gelten? Wenn wir unseren negativen Gefühlen nicht hilflos ausgeliefert sein wollen, dann sollten wir, wie unsere Kinder auch, lernen zu verstehen, was zu diesen Gefühlen führt.

Die kognitive Verhaltenstherapie gibt hier Antworten, die mir geholfen haben. Anders als wir oft glauben, entstehen Gefühle nicht »einfach so« oder gar »aus dem Bauch heraus«. Gefühle entstehen durch das, was wir denken: Wir fühlen, was wir denken. Wenn ich überzeugt davon bin, dass der Psychiater meiner Tochter mit mir reden *muss*, dann entsteht bei mir ein Gefühl von Frustration oder Wut, wenn er das nicht tut. Wenn ich denke, dass nur gute Eltern gesunde und erfolgreiche Kinder haben, dann werde ich traurig und entwickle Schuldgefühle, wenn mein Kind an einer psychischen Krankheit leidet. Wenn ich es für richtig halte, in der Öffentlichkeit kein Aufsehen zu erregen, dann schäme ich mich, wenn mein Kind auf der Straße laut wird oder mit einem durchlöcherten Pullover und ungewaschenen Haaren herumläuft. Wenn ich denke, dass die psychische Krankheit meines Kindes eine »Katastrophe« oder »furchtbar« ist, dann bin ich verzweifelt, weil ich gegen eine Katastrophe machtlos bin.

Gefühle entstehen durch die Art und Weise, wie wir denken und etwas bewerten. Es sind unsere Überzeugungen und unsere Glaubenssätze, die bestimmte Gefühle in uns hervorrufen.

In der kognitiven Verhaltenstherapie spricht man von dem **ABC**-Modell. Es gibt ein **auslösendes Ereignis (A)**: Unser Sohn weigert sich, Medikamente zu nehmen und wegen seiner Wahnvorstellungen ins Krankenhaus zu gehen. Diese Situation bewerten wir anhand unserer eigenen Überzeugungen **(B – Bewertung des Ereignisses)**: Das ist nicht richtig, ich finde, dass Menschen sich vernünftig verhalten und Hilfe annehmen sollten, wenn sie diese brauchen. Auf der Basis dieser Bewertung entstehen Gefühle in mir **(C – Konsequenz)**: Ich bin wütend, ich ärgere mich, weil mein Sohn sich nicht vernünftig verhält. Oder wenn ich überzeugt davon bin, dass Medikamente ihm helfen würden und es ihm dann besser ginge, dann werde ich nicht wütend, sondern ich mache mir Sorgen. Nicht ein Ereignis oder eine Person versetzt uns in Angst, Trauer oder Wut, sondern unsere Überzeugungen, nach denen wir eine Situation als falsch, bedauerlich, besorgniserregend oder als gefährlich bewerten.

»Ich bin so enttäuscht«, klagt Gerda W. »Mein Sohn hat wegen der psychischen Krankheit sein literaturwissenschaftliches Studium abgebrochen. Jetzt arbeitet er stundenweise in einem kleinen EDV-Unternehmen. Schrecklich! Er hatte so viele Möglichkeiten, und jetzt das.«

Gerda W. hat klare Vorstellungen davon, was ein wertvoller Arbeitsplatz und was ein minderwertiger Job ist. Sie ist überzeugt davon, dass ihrem Kind ein akademischer Beruf zusteht. Sie ist ebenfalls überzeugt davon, dass es sie selbst abwertet, wenn ihr Sohn nur einen EDV-Job macht. Es hilft wenig, Gerda W. davon überzeugen zu wollen, dass sie ein anderes Gefühl haben *sollte*. So lange auf ihrer Bewertungsskala ein akademischer Beruf weit oben und eine Aushilfstätigkeit weit unten steht, werden sich ihre Gefühle nicht ändern. So lange sie außerdem davon überzeugt ist, dass der Status ihres Sohns sie persönlich auf- oder abwertet, wird sie traurig und enttäuscht bleiben, wenn er in keinem akademischen Beruf erfolgreich ist. Wenn sie sich aber dafür entscheiden könnte, diese Überzeugungen zu überdenken, dann könnte sie etwas gewinnen: Sie könnte ihre Vorstellungen von »guter« und »schlechter« Arbeit ändern, sie könnte auch zu dem Schluss kommen, dass ihr Status nicht von der Arbeit ihres Sohnes abhängig ist, und sie könnte beginnen, nach vorne zu schauen. Wenn sie überzeugt davon wäre, dass nicht das, was ihr Sohn verloren hat, sondern das, was er gerade wiedergewinnt, von Bedeutung ist, dann könnte sie sich für ihren Sohn freuen, dass er wieder einen Job hat und einer regelmäßigen, sinnvollen Tätigkeit nachgeht. Dann wären auch ihre Gefühle von Trauer und Enttäuschung verschwunden.

Wir verstärken unsere negativen Gefühle noch, wenn wir in Denk- oder Bewertungsfallen tappen:

- Wenn wir übertreiben und ständig Katastrophen voraussehen. »Mein Sohn wird bestimmt bald wieder einen furchtbaren Rückfall haben!«
- Wenn wir fordern, dass immer genau das passiert, was wir für richtig halten, und es schrecklich oder unerträglich finden, wenn das nicht geschieht.
- Wenn wir glauben, dass die Welt ungerecht ist und sich gegen uns verschworen hat: »Wieso muss ausgerechnet mir das passieren?«
- Wenn wir Schlussfolgerungen ziehen, für die wir

keine Beweise haben: »Die Krankenpflegerin grüßt mich nie, die hat etwas gegen mich.«

- Wenn wir glauben, für jedes Problem könne es nur eine, perfekte Lösung geben, und wenn wir diese nicht finden, sei alles schrecklich oder eine Katastrophe.
- Wenn wir glauben, uns ständig wegen möglicher Gefahren Sorgen machen zu müssen und grübeln, ob und wann sie eintreten könnten.
- Wenn wir alles auf die eigene Person beziehen: »Wenn meine Tochter krank geworden ist, dann ist das eine Bestrafung für mich.«
- Wenn wir generalisieren, also von einem Ereignis auf alle anderen schließen: »*Nie* reden die Ärzte mit uns«, »Krankenpfleger sind *immer* unfreundlich« »*Immer* werden psychisch Kranke stigmatisiert!«, »Der Sohn meiner Cousine hat sich das Leben genommen, jetzt habe ich Angst, dass das bei meiner Tochter auch passieren könnte.«

Tatsächlich wird die Gefahr für die eigene Tochter, sich das Leben zu nehmen, nicht größer, wenn der Sohn der Cousine das getan hat. Aber dieser mit *Generalisierung* bezeichnete Denkfehler ist bei besorgten Eltern häufig anzutreffen. Wenn wir von einem dramatischen Ereignis hören oder lesen, dann beziehen wir das auf unsere Situation, auch wenn sie objektiv nichts damit zu tun hat. Wir ängstigen uns, obwohl die Situation sich für unser Kind nicht verändert hat. Auch die Suche nach der perfekten Lösung kann unglücklich machen. Die perfekte Lösung wäre es, wenn meine Tochter ihre Tabletten nimmt, aufhört zu rauchen, auf den Arzt hört, regelmäßig an den Gruppen teilnimmt und freiwillig ins Krankenhaus geht. Wenn meine Tochter zwar Tabletten nimmt, aber weiter raucht und keine Lust auf diese Treffen hat, dann muss ich unglücklich sein. Ich kann mich nicht darüber freuen, dass sie wenigstens die Tabletten nimmt, sich mit einer Freundin trifft und schon eine Weile keine Krise mehr hatte.

Auch die Geschichte von Lida R. zeigt, dass ihre Gedanken negative Gefühle bei ihr hervorrufen. Ihr Sohn fühlt sich von fremden Mächten beobachtet, flieht aus seiner Wohnung und steht nachts voller Angst vor ihrer Wohnung. Lida R. ist überzeugt davon, dass ihr Sohn in eine bestimmte Klinik muss, in der ihm schon einmal geholfen wurde, eine andere kommt für sie nicht infrage. Der Sohn weigert sich: Er geht freiwillig in eine Klinik, aber nicht in die von seiner Mutter bevorzugte. Immer wieder versucht Lida R. ihren Sohn davon zu überzeugen, dass er in die *richtige* Klinik geht. Es gibt Streit zwischen ihnen, er schreit sie an, sie schreit zurück, sie ist verärgert. Lida R. glaubt, ihr Ärger liege an der Weigerung ihres Sohnes, die richtige Klinik aufzusuchen. »Manchmal macht er mich so wütend«, sagt sie.

Lida R. könnte überprüfen, ob sie einen Beweis dafür hat, dass ihrem Sohn nur in der von ihr bevorzugten Klinik geholfen werden kann. Sie sollte sich auch fragen, ob sie absolut sicher sein kann, dass ihrem Sohn in dieser Klinik geholfen wird, nur weil es vor Jahren schon einmal so war. Sie wird keinen Beweis für ihre Annahmen finden, und es ist unwahrscheinlich, dass dem Sohn nur in *dieser* Klinik geholfen werden kann. Nicht ihr Sohn macht sie wütend. Es sind ihre Gedanken, die zu ihrer Wut führen: Sie ärgert sich, weil nicht genau das passiert, was sie für richtig hält. Da sie von ihrer Forderung nicht abweicht, gleichzeitig aber immer wieder erfährt, dass sie diese nicht durchsetzen kann, entsteht zusätzlich auch noch ein Gefühl von Hilflosigkeit. Es könnte Lida R.

helfen, ihre Gedanken zu ändern. Etwa dahingehend, dass es gut ist, dass ihr Sohn bereit ist, freiwillig wieder in eine Klinik zu gehen. Sie könnte ihre Forderung auch in einen Wunsch verwandeln und sich *wünschen*, dass ihr Sohn in »ihre« Klinik geht. Wenn das dann nicht geschieht, wäre sie nicht wütend, sondern sie würde es allenfalls bedauern. Sie könnte auch akzeptieren, dass ihr Sohn das Recht auf eigene Entscheidungen hat. Mit diesem veränderten Denken würde sie mehr Gelassenheit entwickeln können.

Gelassenheit entwickeln

Wenn wir bereit dazu sind, können wir unsere Gedanken und damit unsere Gefühle verändern. Der nächste Schritt ist es, zu verstehen, welche Gedanken zu unseren negativen Gefühlen führen. Sicher wollen wir nicht alle unsere Gefühle verändern; Freude, Liebe oder Zufriedenheit wollen wir uns natürlich erhalten. Es geht auch nicht darum, alle negativen Gefühle zu bekämpfen, die ebenso zum Leben gehören wie positive oder neutrale Emotionen. Trauer, Angst, Sorge oder Wut werden nicht vollkommen aus unserem Leben verschwinden, wenn unser Kind psychisch krank ist. Wir werden immer wieder bedauern, dass es nicht das Leben führen kann, dass es sich gewünscht hat. Wir werden auch weiterhin Angst haben, wenn wir wochenlang nichts von ihm hören. Aber es ist möglich, dass wir weniger unter diesen Ängsten leiden, uns weniger Sorgen machen und mit mehr Vertrauen in die Zukunft schauen. Es wird uns und unseren Kindern helfen, wenn wir die Gedanken und Grundüberzeugungen ändern, die zu unseren belastenden Gefühlen beitragen. Dazu müssen wir bereit sein, über uns nachzudenken und unsere

Überzeugungen infrage zu stellen. Wer sagt: »Ich kann mich nicht ändern, ich kann nichts gegen meine Gefühle, meine Sorgen und meine Angst tun«, sagt damit: »Ich *will* nichts dagegen tun!«

Je länger wir bestimmte Überzeugungen schon haben, desto schwerer fällt es, eine neue Sichtweise zu entwickeln. Wer jahrelang in immer gleichen Bahnen gedacht hat, wird sich nur schwer umstellen können. Wer jahrelang in immer gleicher Weise versucht hat, seinem Kind zu helfen, wird sich schwer tun, Alternativen zu erkennen.

Auch ich war lange Zeit überzeugt davon, dass ich keine Wahl hatte: Die Symptome meiner Tochter machten mir Angst, die Erwartung, dass jederzeit wieder eine »Katastrophe« geschehen könnte, hielt mich in Atem. Nur langsam habe ich begriffen, dass meine Angst oft übertrieben war und dass ihre Krisen nicht immer »Katastrophen« waren. Es war nicht schön, aber ich fand es nicht mehr »furchtbar«, wenn meine Tochter in die Klinik musste. Sie blieb dort zwei bis vier Wochen, danach ging es ihr wieder besser.

Ich fing nicht mehr an zu schluchzen, wenn meine Tochter mich anschrie. Ich bewertete ihr Geschrei nicht mehr als »unerträglich«, sondern ich verstand, dass dies ein Symptom ihrer Manie war und vor allem, dass es vorübergehen würde. Weil ich es nicht mehr »unerträglich« oder »furchtbar« fand, sondern nur noch »nicht angenehm«, war ich auch nicht mehr so maßlos unglücklich.

Auch wenn uns das anfangs so vorkommt: Eine psychische Krankheit ist *keine* Katastrophe für die Familie. Es ist anstrengend und manchmal sehr traurig, aber wir können lernen, damit umzugehen. Es gibt Eltern, die weit dramatischere Erfahrungen mit ihren Kindern gemacht haben als ich, und ich kann nachempfinden, welche Angst sie um ihre Kinder haben oder dass sie Wut auf das Hilfesystem entwickeln. Aber es gibt Dinge, die wir ändern können, und andere, die wir hinnehmen müssen. Wenn wir denken, dass eine neue Krise eine Katastrophe ist, werden wir aufgeregt und unglücklich sein, wenn sie kommt. Wenn wir aber davon überzeugt sind, dass wir auch eine neue Krise bewältigen können, dann werden wir weniger Angst haben und weniger aufgeregt sein. Wenn wir Ärzte und Sozialarbeiter so nehmen, wie sie sind, statt als Menschen, die unsere Erwartungen zu 100 % erfüllen und unser Kind heilen müssen, dann werden wir uns weniger ärgern, wenn nicht alles so läuft, wie wir es uns vorstellen.

In der Kognitiven Verhaltenstherapie (KVT) und daraus weiterentwickelten Ansätzen wurden Methoden entwickelt, mit denen wir uns unsere irrationalen Denkmuster bewusst machen können, um uns von ihnen zu befreien. Niemand trennt sich leicht von seinen Überzeugungen: Wir halten unsere Überzeugungen für ewige Wahrheiten und erkennen nicht, dass es sich nur um persönliche Ansichten handelt, die oft auf Vermutungen, Vorurteilen oder falschen Informationen basieren. Wir sollten zwischen Gedanken unterscheiden, die auf Tatsachen und Informationen beruhen und Gedanken, die Ausdruck einer persönlichen Bewertung, einer Meinung oder einer Vermutung sind. Wenn wir sagen: »Alle Ärzte wollen ihre Patienten nur mit Medikamenten ruhigstellen!«, »Kein Betreuer kümmert sich gut um seine Klienten!«, »Niemand versteht Angehörige!«, »Immer werden psychisch Kranke stigmatisiert!«, »Kein Arbeitgeber stellt jemanden mit einer psychischen Krankheit ein!«, handelt es sich nicht um bewiesene Tatsachen, sondern nur um persönliche Meinungen.

Diese unbewiesenen Gedanken können uns unglücklich und hoffnungslos machen. Sie sind es, die negative und oft übertriebene Gefühle in uns erzeugen und uns daran hindern, Situationen angemessen zu bewältigen. Auch die Art und Weise, wie wir unsere Gefühle beschreiben, kann negative Gefühle verstärken. Wenn wir sagen: »Das ist ja furchtbar!« oder »Ich habe entsetzliche Angst davor, dass meiner Tochter etwas passiert!« oder »Für mich wird das Leben nie wieder schön werden!«, »Ich finde es unerträglich, wenn …«, tappen wir jedes Mal in die Bewertungsfalle. Wir bewerten das Ereignis als dramatischer, als es tatsächlich ist. Kein Wunder, dass wir uns schlecht fühlen und keinen Ausweg mehr wissen: Wir sind blockiert.

Was tun?

Wenn wir einen Gedanken haben, der uns aufregt oder Angst macht, hilft es, wenn wir uns diese Fragen stellen:

- **Ist dieser Gedanke wahr:** Ist es wirklich eine *Katastrophe*, wenn mein Sohn wieder in die Klinik muss? Ist es wirklich *entsetzlich*, wenn meine Tochter sich weigert, ihre Tabletten zu nehmen? Ist es *wahr*, dass mein Sohn obdachlos wird, wenn ich ihn nicht mehr bei mir wohnen lassen kann? Könnte auch etwas anderes geschehen? *Ist es wahr,* dass mein Sohn suizidgefährdet ist, weil ich neulich von dem Suizid eines psychisch Kranken gelesen habe?
- **Gibt es einen Beweis dafür?** Können wir beweisen, dass alle Psychiater ihre Patienten nur ruhigstellen wollen und ihnen daher gedankenlos hochdosierte Medikamente verordnen?
- **Wie wahrscheinlich ist es,** dass das, was ich befürchte, auch eintreten wird? Und wenn es eintritt, ist es dann auch genauso schrecklich, entsetzlich, unerträglich, wie ich

es befürchte? Bin ich dann völlig hilflos oder stehen mir Mittel zur Verfügung, damit umzugehen? Gibt es Menschen, die mir dabei helfen können?

- **Wie müsste ich denken,** um mich so zu fühlen oder zu verhalten, wie ich es möchte?
- **Fordere ich zu Recht,** dass immer das geschieht, was ich für richtig halte?

Natürlich ist mit der Erkenntnis, dass unsere Überzeugungen und Denkmuster negative Gedanken hervorrufen können, nicht gleich jeder negative Gedanke verschwunden. Es braucht Zeit, bis wir auch im Alltag geübt haben, unsere schädlichen Gedanken durch andere zu ersetzen. Wir können immer wieder in alte Denkmuster zurückfallen und uns über uns selbst ärgern. Veränderung tut weh und kann Angst machen. Die eingefahrenen Bahnen im Gehirn müssen verlassen werden, man muss nach Abkürzungen oder neuen Wegen suchen. Das nimmt Zeit in Anspruch, und wir dürfen nicht zu früh aufgeben, aber wir sollten milde mit uns sein: Es geht nicht darum, »perfekt« zu sein, auch nicht darum, die »perfekten« Gedanken und die »richtigen« Gefühle zu entwickeln. In jedem Fall wird es ein längerer Prozess sein und wir sollten uns schon über kleine Fortschritte freuen, zum Beispiel darüber, dass wir nicht mehr gleich in Panik geraten, sondern »nur« noch besorgt sind. Dass wir nicht mehr wütend sind, wenn der Arzt nicht zurückruft, sondern es lediglich bedauern. Ich habe mit meinen Veränderungen gute Erfahrungen gemacht und festgestellt, dass sich, seitdem ich mich ändere, auch das Verhalten meiner Tochter ändert. Dieses Konzept ist hilfreich, weil es uns einen Ausweg aus unseren belastenden Gefühlen bietet. Wir sind ihnen nicht mehr ausgeliefert, sondern wir können tatsächlich etwas dafür tun, dass es uns besser geht.

»Das ist aber schwierig!«

»Leicht gesagt«, meint Elsa W. »Ich weiß auch, dass ich gelassener sein sollte, aber ich habe nun mal Angst um meine Tochter. Ich habe schon so schlimme Situationen mit ihr erlebt und kann gegen meine Gefühle einfach nicht an!«

Elsa W. ist nicht die einzige Mutter, die glaubt, nichts gegen ihre Angst und ihre Sorgen tun zu können. Wer Eltern rät, sich weniger Sorgen zu machen oder Kontrolle abzugeben, muss mit vorwurfsvollen Blicken rechnen. »Das ist aber schwierig!« ist eine häufige Reaktion. Natürlich ist es nicht einfach, seine Gedanken und Gefühle zu verändern, sich weniger Sorgen zu machen, wenn das eigene Kind psychisch krank ist. Es *ist* schwierig, Gelassenheit zu entwickeln. Aber die Tatsache, dass etwas schwierig ist, muss weder heißen, dass man es nicht versuchen sollte, noch, dass es nicht gelingen kann. Niemand hat uns versprochen, im Leben keine Schwierigkeiten überwinden zu müssen. Ich habe mir selbst jahrelang Sorgen gemacht und auch geglaubt, dass ich mich von diesen Sorgen niemals würde befreien können. Aber ich habe auch erfahren, dass es möglich ist. Wenn es uns besser gehen soll, wenn wir nicht so ängstlich oder verzweifelt sein wollen, dann sollten wir damit beginnen, unsere Gedanken zu überprüfen. Wir sollten nicht mehr darauf warten, dass sich unser Kind oder die Ärzte ändern, wir können selbst etwas für uns tun. Wir können unsere Einstellungen zur Krankheit verändern und neue Zielsetzungen für *unser* Leben entwickeln.

Von unseren Kindern lernen

Wer es schwierig findet, sich zu verändern, sollte überlegen, was er von seinem betroffenen Kind verlangt: Es soll seine Medikamente regelmäßig nehmen oder freiwillig ins Krankenhaus gehen. Es soll nicht so launisch sein oder endlich einsehen, dass sein Wahn ein Wahn ist. Es soll früher aufstehen und sich besser um sich und die Ordnung in seiner Wohnung kümmern. Es muss seine Panik überwinden, Aggressionen dämpfen, Ängstlichkeit überwinden oder aus einer lähmenden Depression herauskommen. Es muss lernen, seine unkontrollierten Gefühle während einer Manie in den Griff zu bekommen. Es muss seine Scham überwinden und täglich durch den Hausflur oder an die Bushaltestelle gehen, wo ihm Menschen begegnen können, die es in einer Situation erlebt haben, in der es sich »merkwürdig« verhalten hat. Das alles verlangt von ihm, über sich nachzudenken, seine Gedanken zu verändern und seine Gefühle zu kontrollieren. Es ist unendlich schwierig, die eigenen Emotionen zu kontrollieren, aber genau das wünschen wir uns von unseren Kindern.

Ein bedenkenswerter Kommentar dazu kam von meiner Tochter Lena, als ich mit ihr über mein Buch sprach: »Das ist schwierig für *euch*? *Ihr* könnt eure Gefühle nicht ändern? Aber wir müssen das doch auch tun, wir lernen doch in der Therapie, das wir unsere Gefühle kontrollieren sollen, dass wir bestimmte Dinge tun sollen, wenn wir in Panik geraten oder unsere Kontrolle verlieren. Dann werdet ihr das doch wohl auch können!«

Schuldgefühle

In amerikanischen Angehörigengruppen sollen die magischen »4 Cs« Eltern eine realistische und entlastende Einstellung zur Krankheit ihrer Kinder vermitteln.

I didn't **Cause** it	Ich habe die Krankheit **nicht verursacht**
I can't **Control** it	Ich kann die Krankheit **nicht kontrollieren**
I can't **Cure** it	Ich kann sie **nicht heilen**
But I can **Cope** with it	Ich kann aber lernen, damit **umzugehen**

Klagen über Schuldgefühle, Scham oder Sorgen sind bei Eltern psychisch Kranker weit verbreitet. Schuldgefühle entstehen, wenn wir glauben, etwas falsch gemacht zu haben, während Scham entsteht, wenn wir glauben, dass etwas an unserer Person »falsch« ist. Sorgen machen wir uns, wenn wir angsteinflößende Ereignisse gedanklich vorwegnehmen; wenn wir darüber nachdenken, was künftig Schlimmes geschehen könnte.

Manche Eltern fragen sich ständig, was sie falsch gemacht haben könnten, andere Eltern zucken bei jeder unbedachten Bemerkung über unfähige Eltern zusammen, die nicht in der Lage sind, für den Schulerfolg ihrer Kinder zu sorgen, oder sie vom Internet oder gar von Drogen fernzuhalten. Wenn Eltern schon für die Internetsucht oder die schlechten Schulnoten ihrer Kinder verantwortlich sein sollen, dann muss die psychische Krankheit ihres Kindes auch durch sie verschuldet sein. Eltern glauben, ihre Schuldgefühle würden ihnen von der Gesellschaft zugeschoben: Es seien die Vorwürfe der Psychiater, der »Experten« in Talkshows und der Presse oder die leichtfertigen Bemerkungen aus unserem Umfeld, die Schuldgefühle auslösen. Aber wer lässt zu, dass wir diese Vorwürfe und rücksichtslosen Bemerkungen so nah an uns heranlassen?

Wir entwickeln Schuldgefühle, weil wir einen Fehler gemacht haben oder *glauben*, einen Fehler gemacht zu haben. Sie können auch entstehen, weil wir etwas nicht getan haben, was wir tun wollten oder sollten. Wir grübeln, fühlen uns schlecht, sind niedergeschlagen und machen uns Vorwürfe. Auch Schuldgefühle resultieren aus unseren Überzeugungen und Bewertungen: Wenn ich denke, dass ich immer perfekt sein, mich anderen Menschen gegenüber moralisch immer richtig verhalten muss, dann fühle ich mich schuldig, wenn mir das nicht gelingt. Wenn ich außerdem noch glaube, dass es nicht nur falsch, sondern eine Katastrophe ist, wenn ich einen Fehler mache, dann habe ich das Gefühl, versagt zu haben, dann bin ich ein schlechter Mensch, dann verstärken sich meine Schuldgefühle. Es ist eine Denkfalle zu glauben, dass wir niemals etwas tun dürfen, was anderen Menschen schadet und dass wir die Wünsche anderer stets erfüllen müssen. Manchmal tun wir etwas oder müssen wir etwas tun, was den Wünschen anderer Menschen entgegensteht, weil es unterschiedliche Interessen gibt. Und manchmal tun wir etwas, das andere Menschen stört oder verletzt, weil wir nicht wussten, dass es diese Auswirkung haben könnte.

Es gibt nützliche und *nutzlose* Schuldgefühle. Wenn wir eine Freundin beim letzten Telefonat gekränkt haben, fühlen wir uns schuldig, weil wir nicht wollen, dass sie sich schlecht fühlt. Wir rufen sie an und entschuldigen uns. Wir können daraus etwas lernen und uns vornehmen, mit bestimmten Bemerkungen künftig vorsichtiger zu sein. Akzeptiert die Freundin die Entschuldigung, sind auch unsere Schuldgefühle verschwunden. In diesem Fall basierten die Schuldgefühle auf Tatsachen, und sie sind nützlich, weil sie uns ein Fehlverhalten anzeigen, das wir ändern können. Anders ist es bei Schuldgefühlen, die uns keine nützliche Botschaft senden, weil wir nicht erkennen können, worin unsere Schuld liegt. Wenn wir Schuldgefühle haben, weil wir *vermuten*, dass wir bei der Erziehung unseres Kindes etwas falsch gemacht haben, ohne zu wissen, was dieses Etwas sein könnte, dann handelt es sich um nutzlose Schuldgefühle. Das nagende Gefühl, etwas falsch gemacht zu haben, basiert nicht auf Tatsachen, sondern auf dem ständigen Grübeln über die Frage, warum unser Kind krank geworden ist. Auf diese Frage gibt es jedoch weder eine Antwort noch gibt es eine Lösung. Es gibt nichts, was wiedergutgemacht oder geändert werden könnte. Wenn wir diesen Gedanken auf seinen Realitätsgehalt überprüfen: »Ist es wirklich wahr, dass wir etwas getan haben, das unser Kind krank gemacht hat? Haben wir einen Beweis dafür?«, stellen wir fest, dass wir den Beweis nicht erbringen können. Es handelt sich um Annahmen und Vermutungen, und es sind genau die Schuldgefühle, die auf Annahmen oder Vermutungen basieren, die uns unglücklich machen. Eltern sollten also aufhören sich zu fragen, was sie hätten anders machen können oder ob sie frühe Warnzeichen übersehen haben. Diese Fragen lassen sich nicht beantworten, denn niemand kann mit absoluter Sicherheit sagen, welches Verhalten oder welche Lebensumstände zu einer psychischen Krankheit führen. Niemand kann auch mit Sicherheit sagen, welchen Anteil elterliche Erziehung an einer Krankheit hat. Niemand kann mit Sicherheit sagen, ob das elterliche Verhalten überhaupt Anteil an einer psychischen Erkrankung hat – es gibt allenfalls

Hinweise darauf. Mit ständigem Grübeln über die Frage, wie das passieren konnte und warum es uns passiert ist, geraten wir in einen gedanklichen Kreislauf, der uns schadet und unseren Kindern nicht hilft.

Gertrud S. hat Schuldgefühle. »Ich bin eine schlechte Mutter, ich hätte nicht so früh wieder arbeiten sollen nach der Geburt meiner Tochter. Überhaupt hätte ich mich mehr kümmern müssen.« Gertrud S. hört in ihrer Umgebung und in den Medien immer wieder, dass eine frühe Berufstätigkeit der Mutter (niemals des Vaters!) Kinder schaden kann. Diesen Aussagen glaubt sie und bezieht sie auf sich. Eine Realitätsüberprüfung würde schnell ergeben, dass es weder einen Beweis dafür gibt, dass die Tochter von Gertrud S. krank geworden ist, weil sie so früh berufstätig war, noch dafür, dass Gertrud S. eine schlechte Mutter ist. Woher will sie wissen, ob die Krankheit nicht auch aufgetreten wäre, wenn sie erst später wieder gearbeitet oder sich mehr um ihre Tochter gekümmert hätte? Und selbst wenn sie in der Kindheit ihrer Tochter einen Fehler gemacht hätte, wäre sie dann eine schlechte Mutter? Machen gute Mütter niemals Fehler? Schuldgefühle, die aufgrund von *unbewiesenen Annahmen* entstehen, belasten uns anhaltend.

Beate P. ist eine perfekte Hausfrau, eine perfekte Mutter und eine perfekte Gastgeberin. Ihre Ehe ist glücklich. Sie macht Sport, sieht gut aus und ist belesen. Sie schafft alles, was sie sich vornimmt. Die erfolgreiche Anwältin hat sich bewusst dafür entschieden, mit den Kindern zu Hause zu bleiben. Bei einer Tochter wird im Alter von 17 Jahren eine bipolare Erkrankung diagnostiziert. Jetzt, zehn Jahre später, hat Beate P. das noch immer nicht verkraftet, sie leidet unter Schuldgefühlen. Alles andere im Leben hatte sie so gut gemeistert, auch die zweite Tochter ist gesund und erfolgreich. Was hat sie bei der erkrankten Tochter bloß falsch gemacht? Nicht die Krankheit ihrer Tochter löst Schuldgefühle aus, sondern ihre Überzeugungen und ihr hoher Anspruch an sich selbst stehen ihr im Weg.

Schuld oder nicht Schuld?

Diskussionen über die Ursachen psychischer Krankheiten mit Eltern, Betroffenen und Fachleuten gleiten schnell in gegenseitige Vorwürfe ab. Dabei zitiert jeder seine Lieblingsquellen, um den eigenen Standpunkt zu untermauern. Wer sich mit Schuldgefühlen von Eltern psychisch Kranker befasst, kommt aber nicht umhin, auch dieses Thema anzusprechen. Psychische Krankheiten geben der Wissenschaft auch heute noch Rätsel auf. Die herrschende Meinung ist, dass ihre Ursachen multifaktoriell sind und dass sowohl biologische als auch psychosoziale Faktoren eine Rolle spielen. Mit biologischen Faktoren sind genetische Anlagen oder auch Veränderungen der Gehirnstruktur gemeint, während psychosoziale Faktoren Einflüsse durch die Umwelt bezeichnen. Man geht davon aus, dass zu viel Stress bei vulnerablen, also besonders empfindsamen Menschen eine psychische Krankheit begünstigen kann. Aber weshalb sind manche Kinder vulnerabler als andere? Letztlich besagt der multifaktorielle Ansatz nur, dass viele Faktoren eine Rolle spielen *können*, man es aber nicht genau weiß. Damit ist die Bühne eröffnet für einen Schulenstreit in der Wissenschaft und für ein Kreuzfeuer gegenseitiger Beschuldigungen, unterschiedlichster Annahmen und Vorurteilen zwischen Ärzten, Therapeuten, Sozialarbeitern, Angehörigen, Betroffenen und all denen, die schon einmal eine

Talkshow zum Thema psychische Erkrankung gesehen haben. Aus diesem Streit sollten wir Eltern uns heraushalten, denn wir können ihn nur verlieren. Allein der Verdacht einer Schuld für eine derartig schlimme Erkrankung löst bei uns Verzweiflung und Schuldgefühle aus, selbst wenn es sich bei diesen Diskussionen oft um nicht bewiesene Meinungen handelt.

Natürlich ist die Frage nach den Ursachen psychischer Krankheiten sinnvoll: Für Fachleute geht es um die wissenschaftliche Auseinandersetzung unter Kollegen und die Verbesserung von Therapien, für die Betroffenen geht es darum, ihre Krankheit zu verstehen oder manches Mal auch darum, Schuldige zu finden. Aber für Eltern geht es ausschließlich darum, mit dem Leid und den Belastungen umzugehen.

Es ist interessant, dass die öffentliche, nicht-wissenschaftliche Diskussion sich vor allem mit den psychosozialen Faktoren beschäftigt, also dem Einfluss des Elternhauses und des weiteren Umfelds. Offenbar redet man bevorzugt über die Einflussfaktoren, von denen man glaubt etwas zu verstehen, z.B. die Kindererziehung. Medien, Lehrer, Politiker, Journalisten und Eltern, deren Kinder nicht an einer psychischen Erkrankung leiden, sind sich einig: Fehlverhalten, Schulversagen, Kriminalität ebenso wie psychische Erkrankungen werden durch ein ungünstiges Familienklima verursacht. Es beruhigt, wenn man für beunruhigende Ereignisse einfache Erklärungen gefunden hat.

Und auch wenn die These von der schizophrenogenen Mutter, also der Mutter, die durch ihr verwirrendes Verhalten Schizophrenie hervorruft, heute als unhaltbar gilt, scheint es doch, als ob die wissenschaftlichen Lehrmeinungen von gestern die Vorurteile von heute bilden. In alltäglichen Begegnungen und auf Tagungen werden wir von Fachleuten immer noch häufig mit Schuldzuweisungen konfrontiert. Vielleicht glaubt man, selbst vor einer psychischen Krankheit in der Familie geschützt zu sein: Wenn ein ungünstiges Familienklima schlimme Auswirkungen auf meine Kinder haben könnte, dann kann mir das nicht passieren, denn in meiner Familie ist alles in Ordnung. Sich mit den komplexen Themen etwa von Genetik und Hirnforschung zu befassen, ist schwierig, die Ergebnisse sind nicht immer eindeutig, nicht einfach zu verstehen und beunruhigend. Denn wenn solche Faktoren eine Rolle spielen, dann können wir sie nicht beeinflussen, und dann könnte auch unsere Kinder oder gar uns selbst eine psychische Krankheit treffen.

Daher sehen wir Eltern uns so oft dem großen Vorwurf ausgesetzt, die Krankheit verursacht zu haben. Nicht immer wird dieser Vorwurf offen ausgesprochen, aber an unsere »Schuld« werden wir immer wieder durch lässig hingeworfene Bemerkungen erinnert, wie z. B. »Ich habe dir damals schon gesagt, du hättest nicht …« oder »Die Scheidung war aber auch wirklich schlimm für deinen Sohn …« oder »Du warst zu ehrgeizig, zu streng oder nicht streng genug« oder, wie ich es vor neunzehn Jahren hörte, »Ihre Tochter und Sie haben eine zu symbiotische Beziehung, denn Sie küssen und umarmen sich bei jeder Begrüßung«. Je nach Persönlichkeit leiden wir unter diesen Kränkungen oder wehren uns dagegen. Viele Eltern beginnen, an sich selbst zu zweifeln. Sie grübeln ständig über mögliche Fehler und entwickeln selbst depressive Verstimmungen. Einige weisen darauf hin, dass ihre anderen Kinder keine psychische Krankheit haben oder dass sie Familien mit deutlich ungünstigerem Klima kennen, aus denen dennoch gesunde und erfolgreiche Kinder hervorgegangen sind. Aber es trifft uns dennoch jedes Mal hart.

»Vielleicht hätte ich mein Kind länger stillen müssen«, sagt eine Mutter traurig im Interview. Man könnte über diese Aussage lächeln, wenn man nicht wüsste, welcher Kummer diese Mutter belastet und dass sie ständig darüber nachdenken muss, ob sie irgendetwas getan oder nicht getan hat, was die psychische Krankheit ihres Sohnes hervorgerufen haben könnte.

Trotz meiner neuen Gelassenheit schmerzt es auch mich immer noch, wenn ich bestimmte Bemerkungen höre oder Artikel lese. Aber verletzt oder gekränkt zu sein ist etwas anderes als Schuldgefühle zu haben. Was immer andere Menschen über die Entstehung psychischer Krankheiten denken, ich bin nicht gezwungen, deren Meinung zu meiner eigenen zu machen oder gar an mir zu zweifeln. Wenn ich allerdings einen zu hohen Anspruch an mich habe, dann können diese Schuldzuweisungen mich hart treffen und zu Selbstzweifeln führen. Auch meine eigenen Überzeugungen können mich einholen: Wenn ich schon immer der Meinung bin, dass es an den Eltern liegt, wenn ihre Kinder nicht in jeder Hinsicht erfolgreich sind, dann trifft es mich hart, wenn mein Kind plötzlich psychisch krank wird. Wenn ich überzeugt davon bin, dass Eltern ihre Kinder vor allem Schaden bewahren müssen und dann doch ein »Schaden« in Form einer psychischen Krankheit eintritt, können Schuldgefühle aufkommen.

Es ist menschlich, nach einer Erklärung zu suchen, warum wir eine so dramatische Erfahrung machen müssen. Es fällt unendlich schwer zu akzeptieren, dass wir manche Lebensereignisse einfach hinnehmen müssen und dass es nicht immer einen Grund gibt, warum uns und unser Kind ein Schicksalsschlag trifft. Wir haben es nicht verschuldet, es ist keine Bestrafung und es hat auch keinen tieferen Sinn. Es passiert.

Statt immer anderen die Schuld an unseren Schuldgefühlen zu geben, sollten wir uns selbstkritisch fragen, wie sehr auch wir anderen Schuld zuweisen: Viele Eltern glauben, es sei die

Schuld des Arztes, dass es unserem Kind nicht besser geht. Er verschreibt nicht das Richtige, nimmt sich nicht genug Zeit, spricht nicht mit uns. Oder unser Kind selbst ist uneinsichtig oder hat durch Drogenkonsum die Krankheit selbst verschuldet. Krankenpfleger sind desinteressiert, Sozialarbeiter unfreundlich. Die Gesellschaft, die Gesetze, die Gerichte – alle sind schuld daran, dass es unserem Kind und uns nicht besser geht. Aber gibt es wirklich einen Beweis dafür, dass der Psychiater, der Sozialarbeiter oder die Gerichte daran *schuld* sind?

Es verletzt uns, wenn uns Schuld zugewiesen wird – aber geben wir nicht selbst oft unserem Kind die Schuld, dass es uns schlecht geht, weil es nicht auf uns hört, weil es keine Krankheitseinsicht zeigt oder rücksichtslos ist?

Wir sollten akzeptieren, dass niemanden die Schuld an einer psychischen Krankheit trifft. Statt uns Gedanken über unsere mögliche Schuld zu machen, sollten wir lernen, mit unserer Situation umzugehen. Das hilft sowohl uns als auch unserem Kind.

Nicht nur Spekulationen über die Ursachen einer psychischen Krankheit können zu Schuldgefühlen führen. Im Verlauf der Krankheit müssen wir viele Entscheidungen treffen, bei denen wir immer wieder zweifeln, ob sie richtig sind. Es ist belastend, das eigene Kind zwangseinweisen zu lassen und mitzuerleben, wie es weint, schreit oder sich physisch wehrt. Es ist hart, eine gesetzliche Betreuung vor Gericht zu beantragen oder dem kranken Sohn zu sagen, dass er nach dem Krankenhausaufenthalt nicht wieder in die Wohnung der Eltern zurück darf, sondern in eine eigene Wohnung oder betreute Wohngemeinschaft ziehen muss. Auch wenn wir wissen, dass etwas zum Schutz unseres Kindes notwendig ist, fühlen wir uns manchmal noch lange danach schuldig.

Wir haben Schuldgefühle, weil wir nicht alle Geldforderungen unserer Kinder erfüllen, weil wir nicht erlauben, dass unser Kind ständig zu uns kommt oder uns mehrfach täglich anruft. Wir fühlen uns schuldig, wenn wir vergnügt mit Freunden Essen gehen. Manche Eltern scheinen sich schuldig zu fühlen, wenn sie überhaupt einmal Freude empfinden.

Bei der Vorstellung eines Workshops für Angehörige erzählte die Trainerin unvorsichtigerweise, dass er immer viel Spaß mache und dabei viel gelacht würde. Das wollten nicht alle Zuhörer und Zuhörerinnen hören. Streng wurde der Trainerin erwidert, dass es für Angehörige nun wirklich nicht um Spaß und Lachen gehen könne. Wer hat hier »Schuld« daran, dass manche Angehörige sich das Lachen verbieten?

Schuldgefühle lösen keine Probleme und können Fehler weder verhindern noch sie wiedergutmachen. Sie können im Gegenteil sogar zu neuen Problemen führen: Anhaltendes Grübeln, warum es zu der Krankheit kam, die permanente gedankliche Suche nach Versäumnissen können uns langfristig krankmachen. Auch unser Verhalten kann durch Schuldgefühle negativ beeinflusst werden. Wir werden unsicher und ängstlich, weil wir ständig darüber nachdenken, ob wir das Richtige für unser Kind tun. Schuldgefühle können uns Energie rauben und unfähig machen, überhaupt Entscheidungen zu treffen. Soll ich mein Kind ins Krankenhaus bringen, obwohl es das nicht will? Darf ich es dazu auffordern, sich eine eigene Wohnung zu suchen? Bin ich egoistisch, wenn ich auch an meine eigenen Bedürfnisse denke? Muss ich etwas wiedergutmachen, weil ich in der Kindheit etwas falsch gemacht habe? Schuldgefühle können dazu führen, dass wir uns für unser Kind aufopfern und rücksichtslos gegen uns selbst sind. Wir machen zu viele Zugeständnisse, die zu unserer eigenen Überlastung führen können. Wir lassen uns manipulieren und erpressen. Wir können unserem Kind keine Bitte abschlagen und uns nicht wehren, wenn wir uns rücksichtslos behandelt fühlen. Entscheidungen, die unter dem Einfluss von Schuldgefühlen statt nach rationalen Überlegungen gefällt wurden, führen zu keinen guten Ergebnissen.

Die Frage, ob wir etwas zu der psychischen Erkrankung unseres Kindes beigetragen haben, ist jedoch weder falsch noch nutzlos. Nur muss sie richtig gestellt werden. Es geht nicht um *Schuld*: Als Eltern sind wir natürlich an der Entwicklung unseres Kindes beteiligt, aber unser Verhalten ist eben nur *ein* Faktor, der Einfluss darauf hat, wie sich unser Kind entwickelt. Weder sind wir automatisch großartige Eltern, weil unser Kind erfolgreich und glücklich ist, noch sind wir automatisch schlechte Eltern, wenn unser Kind Misserfolg hat oder krank wird. Das Kind bringt bereits eigene Anlagen mit auf die Welt, und es gibt eine Reihe von Umweltfaktoren, die seine Entwicklung beeinflussen wie etwa Schule, Freunde, soziale Schicht, politische Ereignisse. Wir lesen heute von psychischen Erkrankungen bei Kindern von Flüchtlingen aus Krisengebieten; Schuld ist sicher nicht die falsche Erziehung der Eltern. Wir sollten uns auch nicht für mächtiger halten, als wir sind: Nicht wir allein können das Schicksal unseres Kindes bestimmen oder, wie es meine Therapeutin ausdrückt: »Wer glaubt, eine so ernste Krankheit wie Schizophrenie hervorrufen zu können, muss an Größenwahn leiden.« Vor allem sollten wir bedenken, dass mit dieser einfachen Schuldzuweisung an Eltern auch den erwachsenen Betroffenen jede Fähigkeit zu persönlicher Entwicklung und zur eigenen Gestaltung ihres Lebens genommen wird. Niemand bleibt sein Leben lang das willenlose Produkt der Erziehung seiner Eltern.

Weder wir noch ein anderer Mensch kann wissen, ob unser Kind nicht auch krank geworden wäre, wenn wir uns anders verhalten hätten. Das Nachdenken über unseren Beitrag zu einer Erkrankung ist nur dann nützlich, wenn wir daraus lernen wollen. Wir können erkennen, dass manche unserer Verhaltensweisen – die wir vielleicht selbst auch von unseren Eltern übernommen haben – für unsere sensiblen Kinder nicht gut waren. Ich habe beispielsweise gelernt, dass ich mit meinen Kindern oft zu ungeduldig war. Vielleicht hätte ich mir manchmal mehr Zeit nehmen und mich nicht immer hinter meinen Büchern verkriechen sollen. Ich war selbst oft unsicher und konnte daher nicht immer ausreichend Sicherheit vermitteln. Auch meine Konfliktfähigkeit ist nicht gut entwickelt. Alle Eltern haben ihre Schwächen ebenso wie Stärken, die sich auf ihre Kinder *auswirken*. Aber das hat nichts mit »Schuld« zu tun, und diese Schwächen führen niemals zu der psychischen Krankheit. Statt uns mit Schuldgefühlen zu quälen und uns mit uns selbst zu beschäftigen, können wir die Verantwortung dafür übernehmen, mit welchem Verhalten wir heute unser Kind unterstützen können. Wir werden uns sofort besser fühlen, wenn wir etwas *tun* können, das unserem Kind hilft.

Worüber wir auch nachdenken sollten: Manchmal manipulieren wir mit unseren Schuldgefühlen andere Menschen. Wenn wir über Schuldgefühle klagen, fordern wir andere dazu auf, uns nachsichtig zu behandeln. Wer sich dermaßen schuldig fühlt, muss ein guter Mensch sein. Aber wir brauchen weder Nachsicht noch Mitleid. Uns trifft keine »Schuld« an der psychischen Krankheit unseres Kindes, daher muss uns auch niemand vergeben. Wenn wir in der Erziehung Fehler gemacht haben, dann ist das normal. Alle Eltern machen Fehler, aber diese Fehler haben wir nicht gemacht, um unseren Kinder zu schaden, sondern weil wir es nicht besser wussten oder keine anderen Verhaltensweisen zur Verfügung hatten. Wir sollten nachsichtiger mit uns sein, das wird uns helfen, mit anderen Menschen, Ärzten, Sozialarbeitern und unseren Kindern ebenfalls nachsichtiger zu sein.

Auch den betroffenen Kindern tut unsere pausenlose Beschäftigung mit Schuldgefühlen nicht gut. Wenn es mir schlecht geht, bin ich keine Stütze. Wenn ich Schuldgefühle habe und es mir daher schlecht geht, kann mein Kind Schuldgefühle bekommen, weil ich seinetwegen Schuldgefühle habe. Sie erinnern sich: Psychisch kranke Kinder brauchen starke Eltern. Es tut ihnen auch nicht gut, wenn wir aus unserem schlechten Gewissen heraus manipulierbar werden und keine Grenzen mehr setzen, wenn wir keine vernünftigen Entscheidungen treffen, weil uns unsere negativen Gefühle quälen. Schuldgefühle können auch in Wut umschlagen. Irgendwann wehren wir uns gegen dieses quälende Gefühl und machen andere Menschen dafür verantwortlich, dass wir uns schlecht fühlen. Vielleicht richtet sich unsere Wut auf Psychiater, das psychiatrische System, auf die Gesellschaft. Psychiater, das psychiatrische System und die Gesellschaft können unsere Wut gut aushalten. Aber vielleicht richtet sich unsere Wut auch auf unser Kind, und das hat es nicht verdient. Es hat unsere Schuldgefühle nicht hervorgerufen und uns auch nicht dazu aufgefordert, uns aufzuopfern. Schuldgefühle können uns einsam und bitter machen und zu Selbstmitleid führen. Davor sollten wir uns hüten.

Was tun?

Unsere Schuldgefühle kommen nicht von »außen«, niemand hat »Schuld« an ihnen. Es ist unsere Entscheidung, ob wir Schuldzuweisungen annehmen und uns lebenslang von

Schuldgefühlen quälen lassen wollen. Wenn Sie sich davon befreien wollen, beantworten Sie diese Fragen:

- Was genau haben Sie getan oder unterlassen, das die Krankheit hervorgerufen hat?
- Welche Motivation hatten Sie für Ihr Verhalten?
- Hatten Sie die Möglichkeit, sich anders zu verhalten?
- Wenn Sie Fehler gemacht haben, sind Sie deshalb eine schlechte Mutter / ein schlechter Vater?
- Gibt es Eltern, die keine Fehler machen? Müssen Sie perfekt sein?
- Helfen Ihnen Schuldgefühle, sich Ihrem Kind gegenüber so zu verhalten, wie Sie es wollen?
- Wer zwingt uns, »Angehörigenschuldgefühle« zu entwickeln?
- Wenn Psychiater sagen, wir seien Schuld, ist es dann auch wirklich so?

Sie werden feststellen, dass Sie die erste Frage nicht exakt beantworten können. Sie sind auf *Vermutungen* angewiesen. Vielleicht machen Sie es sich zum Vorwurf, darauf bestanden zu haben, dass Ihr Kind Höflichkeitsregeln befolgte, sein Zimmer aufräumte und gute Schulnoten nachhause brachte. Sie waren überzeugt davon, Ihrem Kind mit Strenge und Konsequenz eine gute Zukunft zu ermöglichen. Oder sie wollten besonders liebevoll zu ihrem Kind sein. Vielleicht haben Sie auch öfter zwischen Strenge und Fürsorge geschwankt. Das alles ist normal, es geht vielen Eltern so. Haben Sie wirklich einen Fehler gemacht, der die psychische Krankheit auslösen *musste*? Und vor allem: Hatten Sie die Absicht, Ihrem Kind zu schaden? Nein, Sie haben zu diesem Zeitpunkt das getan, von dem Sie dachten, dass es für ihr Kind gut sei. Zu grübeln, was

Sie hätten anders machen können, macht Sie nur unglücklich, ohne Ihrem Kind zu helfen. Sie hatten damals nicht das Wissen von heute. Manchmal waren Sie auch inkonsequent: Das ist menschlich, niemand von uns entspricht immer seinen Verhaltensidealen. Vielleicht haben Sie sich scheiden lassen, aber das haben Sie nicht aus einer Laune heraus getan, sondern weil sie nicht bei einem Ehemann bleiben konnten, mit dem Sie sich nicht mehr verstanden oder der sich bereits eine andere Frau gesucht hatte. Wenn sie mehrfach umgezogen sind, dann brachte Ihr Beruf das mit sich, und sie konnten es sich nicht leisten zu kündigen. Es gibt zahllose Kinder, die keinen Schaden nehmen, wenn die Eltern sich trennen, oder die mehrere Ortswechsel oder gar lange Reisen mit ihren Eltern wunderbar überstehen. Vielleicht sind es die besonders empfindsamen, erblich belasteten Kinder, also die vulnerablen Kinder, die von solchen Ereignissen belastet werden. Woher sollten Sie wissen, dass Ihr Kind zu diesen Kindern gehört? Und weshalb sind Ihre anderen Kinder niemals psychisch krank geworden? Sie müssen keine Schuldgefühle haben, wenn Sie keinen Fehler gemacht haben. Sie müssen aber auch keine Schuldgefühle haben, wenn Sie nicht immer alles richtig gemacht haben. Stattdessen sollten Sie sich sagen, dass Sie alles mit der besten Absicht so gut gemacht haben, wie Sie es konnten. Niemand kann Fehler vermeiden, wir können nur lernen, sie nicht ständig zu wiederholen. Akzeptieren Sie die Realität und überlegen Sie, was Sie heute dazu beitragen können, dass es Ihrem Kind besser geht und dass auch Sie ein gutes Leben führen können. Überlegen Sie, mit welcher konkreten Maßnahme Sie Ihr Kind heute unterstützen können. Denken Sie aber auch darüber nach, was Sie für *sich* tun können. Schuldbewusste, traurige Eltern sind keine Stütze für ihr psychisch erkranktes Kind.

Es gibt aber auch nützliche Schuldgefühle, und aus ihnen können wir lernen: Ich habe heute noch ein schlechtes Gewissen, weil ich aus Angst vor den Ausbrüchen meiner Tochter in manischen Phasen den Telefonhörer öfter nicht abgenommen habe oder nicht zu ihr gefahren bin. Ich war damals so gefangen in meinen Gefühlen, dass ich nicht in Ruhe überlegen konnte, warum sie mich anschrie. Ich dachte, es sei ein Symptom ihrer Krankheit, tatsächlich aber hatte sie wirklich Hunger. Wenn sie in ihrer Manie innerhalb von wenigen Tagen ihr ganzes Geld ausgegeben hatte, waren manchmal nur noch ein paar Scheiben Toast übrig. »Stell dir vor, du kannst die ganze Nacht nicht schlafen, da musst du einfach dauernd rauchen und brauchst das ganze Geld für Zigaretten«, sagte sie mir später. Das hat mir eingeleuchtet. Bei der letzten manischen Phase brachte ich ihr zweimal die Woche zwei große Tüten mit Nahrungsmitteln, zwei Päckchen Tabak und 20 Euro. Manchmal konnten wir dann trotz Manie sogar nett miteinander reden. Vielleicht lag es auch an meinem veränderten Verhalten, dass diese Phase nicht ganz so dramatisch ablief? Vielleicht ist sie nicht in diese absolute Verzweiflung und Wut geraten, weil ich mich vernünftiger und pragmatischer verhalten konnte. Hier haben meine Schuldgefühle etwas Gutes bewirkt, ich habe aus ihnen gelernt.

Sorgen

Eltern geraten durch die psychische Krankheit ihres Kindes in permanente Alarmbereitschaft: Täglich erwarten sie einen Schreckensanruf von der Polizei, dem Krankenhaus oder dem eigenen Kind. Für viele Eltern werden Sorgen zu einem Grundrauschen ihres Alltags. Wir machen uns Sorgen, weil das Kind nicht ins Krankenhaus will, weil es im Krankenhaus ist oder weil wir nicht wissen, wie es nach dem Krankenhaus weitergeht. Wir machen uns Sorgen, wenn das Kind die Medikamente verweigert oder über die Nebenwirkungen der Medikamente. Wir machen uns Sorgen, weil wir nicht wissen, ob wir uns kümmern sollen und ob das Kind die richtigen Freunde oder keine Freunde hat. Wir machen uns Sorgen, wenn wir drei Tage nichts gehört haben, aber auch, wenn unser Kind unentwegt anruft. »Ich mache mir 24 Stunden am Tag Sorgen«, klagt Gerda B. in unserem Interview. Ihre Sorgen lassen sie nie los.

Ebenso wie bei den Schuldgefühlen gibt es nützliche und nutzlose Sorgen. Nützlich sind sie dann, wenn sie dazu führen, dass ich etwas unternehme, damit das befürchtete Ergebnis nicht eintrifft. Wenn ich mir Sorgen mache, dass ich verschlafe, dann stelle ich drei Wecker oder bestelle einen telefonischen Weckruf. Wenn meine Tochter in einer Manie nicht mit Geld umgehen kann, kann es sinnvoll sein, für eine rechtliche Betreuung zu sorgen. Damit habe ich meine Sorgen in eine produktive Maßnahme umgewandelt, die mein Kind vor Gefahren schützt. Wenn ich mir aber Sorgen mache, weil sie ihre Medikamente absetzen *könnte*, dann sind das nutzlose Sorgen, weil es nichts gibt, was ich dagegen tun kann.

Sorgen richten sich auf eine befürchtete Gefahr in der Zukunft. Dabei spielt es keine Rolle, ob es wahrscheinlich ist, dass diese Gefahr eintritt, ich reagiere gefühlsmäßig aber so, als ob sie schon eingetreten wäre. Ich fühle mich jetzt schon schlecht, obwohl noch nichts passiert ist, weil etwas passieren *könnte*. Ständig sehe ich Gefahren und Risiken für mein Kind und kann mich immer weniger entspannen. Dadurch mache ich die Welt für uns beide zu einem gefährlichen Ort. Es sind genau diese unproduktiven Sorgen, die Eltern psychisch kranker Kinder erheblich belasten. Sie werden nervös, schlafen schlecht und können sich kaum auf andere Dinge konzentrieren. Wenn wir uns Sorgen um Ereignisse machen, die vielleicht gar nicht eintreten werden oder gegen die wir nichts unternehmen können, hat das noch eine weitere negative Auswirkung: Wir sind so beschäftigt mit den imaginären Sorgen, dass wir reale Gefahren übersehen und versäumen, etwas dagegen zu unternehmen. Sich Sorgen zu machen, kann so sehr zur Angewohnheit werden, dass sich diese Haltung auch auf etwas richten kann, das in der Vergangenheit hätte passieren können, aber nicht passiert ist.

»Mein Sohn war in einer Klinik in H., es ging ihm sehr schlecht, nach drei Wochen war er immer noch psychotisch«, sagt Petra F. »Ich war froh, dass er dort auf der geschlossenen Station war. Vor drei Wochen stand er plötzlich abends vor meiner Tür. Vollkommen abgerissen und schmutzig, er hatte zwei Tage lang kaum geschlafen und kaum etwas gegessen.« Ich sehe Petra F. die Aufregung an. »Sie haben ihm in der Klinik erlaubt, in den Park zu gehen, und da ist er einfach weggelaufen. Er ist dann von H. aus zu mir nach W. per Anhalter gefahren. Drei verschiedene Fahrer haben ihn mitgenommen, der letzte hat ihm sogar ein Abendessen spendiert. Ich hatte solche Angst, als ich ihn da vor mir stehen sah. Ich habe mir vorgestellt, was alles hätte passieren können.« Ob etwas passiert sei, frage ich. »Nein, aber stellen Sie sich bloß vor, was hätte passieren können!« Die Schreckensbilder, die Petra F. in ihrem Kopf heraufbeschwört, sind stärker als die Realität. Statt sich im Nachhinein noch Sorgen zu machen, könnte sie versuchen, sich darüber zu freuen, dass ihr Sohn ein hohes Maß an Alltagskompetenz gezeigt hat, indem er aus der Klinik verschwinden und drei Fahrer dazu motivieren konnte, ihn mitzunehmen. Er muss sogar eine nette Beziehung zum letzten Fahrer aufgebaut haben, sonst hätte dieser ihn nicht zu einem Abendessen eingeladen. Eigentlich könnte sie stolz auf ihren Sohn sein. Aber Petra F. ist so damit beschäftigt, was ihrem Sohn hätte passieren *können*, dass sie keine andere Sichtweise entwickeln kann.

Als ich nach einer Lesung gefragt wurde, ob mein Blutdruck immer noch hochschnelle, wenn das Telefon klingelt, musste ich zugeben, dass ich mich tatsächlich immer noch reflexartig aufrege. Trotz meiner neuen Gelassenheit ist meine innere Alarmbereitschaft nicht vollkommen verschwunden. Aber meine Aufregung ist nicht mehr so groß und meine Vernunft setzt schneller wieder ein: Ich kann mich schneller wieder beruhigen.

Zeugen Sorgen von Verantwortungsgefühl?

Obwohl Eltern oft klagen, wie sehr sie unter ihren Sorgen leiden, reagieren sie ablehnend bis verärgert, wenn ihnen zu mehr Gelassenheit geraten wird. Als ich bei einem Vortrag meinte, dass ständige Sorgen nicht sinnvoll seien, rief das kollektiven Unmut hervor. Ich würde es mir leicht machen, es könne doch alles Mögliche passieren, da müsse man doch aufpassen, wurde mir vorwurfsvoll entgegengehalten. In *The Worry Cure* schreibt Robert L. Leahy, dass Menschen glauben, durch ihre Sorgen schlimme Ereignisse verhindern zu können. Sie denken, durch ihre Sorgen auf das Schlimmste vorbereitet und so dagegen geschützt zu sein. Sie sind überzeugt, es zeuge von Verantwortungsgefühl, sich Sorgen zu machen, weil man dann nichts übersieht und das Befürchtete verhindern könne.

Norbert B. macht sich Sorgen wegen eines möglichen Suizids seiner Tochter. Nein, sie habe noch nie solche Gedanken geäußert. Auf meinen Hinweis, dass er sich dann doch keine Sorgen machen müsse und dass außerdem keine Sorge einen Suizid verhindere, reagiert er vorwurfsvoll. »Natürlich muss ich mir Sorgen machen. 25% aller bipolar Erkrankten nehmen sich das Leben.« Norbert B. denkt erstens, mit seinen Sorgen zeige er Verantwortung und zweitens, er könne mit seinen Sorgen das befürchtete Ereignis verhindern. Weder sieht er, dass nach dieser Statistik sich 75% aller bipolar Erkrankten nicht das Leben nehmen, noch beruhigt es ihn, dass seine Tochter niemals Suizidgedanken geäußert hat.

Diese unproduktiven Sorgen helfen wenig. Es ist kaum möglich, darauf »aufzupassen«, dass ein Kind künftig nicht in eine Depression, eine Manie oder eine psychotische Krise gerät oder sich gar körperlichen Schaden zufügt. Ich kann unterstützen, telefonisch nachfragen, bei Aufregung Beruhigung anbieten – aber mit Sicherheit verhindern kann ich das Befürchtete nicht.

Wir wünschen uns absolute Sicherheit für die Zukunft, aber genau diese Sicherheit bekommen wir nicht: Wir können nicht ausschließen, dass unsere Kinder wieder in eine Krise geraten, zu viel Geld ausgeben, mit der Polizei in Berührung kommen oder sich selbst verletzen. Viele Eltern leiden nicht nur, weil ihr Kind krank werden kann, sondern weil sie diese Unsicherheit nicht ertragen können. Für sie ist es unerträglich, nicht zu wissen, was künftig mit ihrem Kind geschehen könnte.

Nutzlose Sorgen beruhen auf Befürchtungen und Annahmen. Aber auch begründete Sorgen helfen nicht, wenn wir nichts tun können, um das befürchtete Ereignis zu verhindern. Die Sicherheit, die wir uns wünschen, kann es nicht geben. Weder wir noch Psychiater können etwas tun, um unser Kind vor jedem künftigen Problem zu schützen. Wir können nur emotional akzeptieren, dass wir nicht alle Gefahren für unser Kind unter Kontrolle bekommen können.

Anneliese W. ist alarmiert, weil ihre 44-jährige Tochter plötzlich eine mehrwöchige Auslandsreise plant. »Diese Reise darf sie nicht machen. Jahrelang wusste ich nicht, wo sich meine Tochter aufhält, weil sie ständig irgendwo im Ausland unterwegs war. Ich habe mir Sorgen gemacht, weil ich immerzu Angst vor einem Anruf der Polizei hatte. Das will ich nie wieder erleben!«

Sicher war es für Anneliese W. schwer, mit dieser Angst zu leben. Aber ist es die einzig mögliche Reaktion, die Reise ihrer Tochter zu verhindern? Könnte sie ihre Tochter nicht zu einer einwöchigen Reise überreden? Oder würde diese in eine Reise innerhalb Deutschlands einwilligen? Könnten sie gemeinsam reisen? Nein, die Mutter möchte das »Kind« vom Reisen abhalten und das befürchtete Ereignis absolut unmöglich machen, nur dann kann sie aufhören, sich Sorgen zu machen. Aber hat sie und haben wir das Recht, unsere Kinder so zu gängeln, ihnen etwas zu verbieten oder unmöglich zu machen, damit wir uns keine Sorgen machen müssen?

Mit unseren Sorgen verhindern wir keinen Rückfall, keine Wohnungskündigung und auch keinen Suizid. Stattdessen schwächen wir das ohnehin schon nicht sehr ausgeprägte Selbstwertgefühl unserer Kinder. Mit unseren Sorgen zeigen wir ihnen, dass wir nicht glauben, dass etwas besser werden könnte und dass wir ihnen nichts zutrauen. Wie sollen sie da noch zuversichtlich auf ihr weiteres Leben schauen? Möglicherweise lernen sie sogar, wie sie uns mithilfe unserer Sorgen manipulieren: Sie setzen sich durch, weil unsere Angst zu groß ist, um ihnen etwas abzuschlagen. Und sie müssen keine Grenzen respektieren, weil wir ihnen aus Angst keine setzen. Sie werden auch nicht selbständig, weil wir ihnen aus Sorge alles abnehmen. Oder wir versuchen, unsere Sorgen dadurch einzudämmen, dass wir ihnen alles vorschreiben und sie kontrollieren.

Unsere Sorgen zeigen ihnen auch, dass wir nicht glauben, dass sie vernünftige Entscheidungen treffen oder Verantwortung für ihr Leben übernehmen können. Sie sind krank und wir halten sie daher für hilflos. Wenn wir besorgt sind, ob der Sohn seine Medikamente nimmt, zeigen wir, dass wir ihn nicht für verantwortungsvoll und stabil genug halten, vernünftig mit seiner Erkrankung umzugehen. Eine psychische Krankheit nimmt einem Menschen viel Selbstbewusstsein oder verhindert, dass er überhaupt welches entwickelt. Statt einem Kind das Gefühl zu vermitteln, dass seine Unsicherheit zu Recht besteht, sollten wir ihm mehr Sicherheit geben, indem wir ihm zutrauen, sein Leben mit und ohne Krisen zu meistern.

Wenn wir uns Sorgen machen, nehmen uns unsere Kinder als schwach wahr und sie fangen an, sich ihrerseits Sorgen um uns zu machen. Meine Tochter erzählt, dass sie immer wieder versucht hat, sich zusammenzunehmen, weil sie mir keine Sorgen machen wollte. Sie wollte mir in bestimmten Situationen nicht sagen, wie schlecht es ihr ging und dass sie Hilfe brauchte, damit ich mir keine Sorgen machte.

Das beste Gegenmittel gegen Sorgen ist es, Unsicherheit zu akzeptieren und unsere Kinder zu mehr Selbständigkeit zu ermuntern. Wenn sie sich weiterentwickeln und lernen, ihre

Krankheit immer besser zu managen, dann nehmen sie uns viele unserer Sorgen.

Anhaltende Angst ohne konkreten Grund kann krank machen. Wenn ich mir Sorgen mache, ob das, was schon einmal passiert ist, wieder passieren könnte, dann halte ich meine Gedanken an dieses Ereignis ständig wach. Auch wenn das angstbesetzte Ereignis schon Jahre zurückliegt: In meinen Gedanken ist es ständig präsent. Diese Angst kann meine Phantasie noch anregen. Die Bilder, die ich in meinem Kopf habe, können sogar schlimmer sein als das, was tatsächlich passiert ist. Eltern sprechen voller Sorge von Ereignissen, die schon Jahre zurückliegen, obwohl es dem Kind inzwischen besser geht. Wie bei einer traumatischen Erfahrung durchleben sie den Schrecken immer wieder, das dramatische Ereignis wird zu einer Endlosschleife. Hinzu kommt: Wer sich ständig Sorgen macht, beginnt aufmerksam nach Ereignissen zu suchen, die seine Sorge bestätigen. Wer sich Sorgen macht, bevor er ins Flugzeug steigt, wird begierig jede Nachricht über einen Flugzeugabsturz aufsaugen. Wer sich ständig Sorgen macht, wird keine Statistik herunterladen, wie viele Flugzeuge täglich unversehrt landen. Nein, er sucht eine Bestätigung für seine Sorgen. Wer Angst hat, dass der Sohn sich umbringen könnte, sieht seine Sorgen bestätigt, wenn er von einem Selbstmord in den Medien hört. Er blendet aus, dass keinesfalls alle Betroffenen Suizidversuche unternehmen, dass die Zahl der Suizide in den letzten zehn Jahren sogar zurückgegangen ist. Die ständige Konzentration auf mögliche Gefahren schadet nicht nur unseren Kindern, sondern auch uns selbst. Sorgen machen uns ängstlich und können zu Schlaflosigkeit, chronischen Schmerzen oder auch Depressionen führen, wenn sie nicht schon Anzeichen für eine Depression sind.

Was tun?

- Wenn Sie sich ständig Sorgen machen und befürchten, drohende Gefahren zu übersehen, dann schreiben Sie diese Sorgen auf. Überprüfen Sie nach einiger Zeit, ob sie Ihnen immer noch so beängstigend erscheinen. Überprüfen Sie auch, ob das, was Sie befürchtet haben, tatsächlich immer eingetreten ist.
- Versuchen Sie, sich auf die Gegenwart zu konzentrieren. Wie geht es Ihrem Kind heute? Konzentrieren Sie sich nicht auf mögliche Gefährdungen in der Zukunft. Das nimmt Ihnen jede Freude daran, dass es Ihrem Kind heute gut geht, und raubt Ihnen die Energie, ein reales Problem in der Gegenwart zu lösen.
- Legen Sie die Überzeugung ab, es sei verantwortungsbewusst, sich Sorgen zu machen. Sorgen zeugen nicht von Verantwortungsgefühl, sondern nur von Angst und schwächen Sie und Ihr Kind. Sorgen sind nur dann verantwortungsvoll, wenn Sie etwas gegen das befürchtete Ereignis tun können.
- Sorgen machen unproduktiv. Legen Sie eine Zeit am Tag fest, in der Sie sich Sorgen machen. Der Rest des Tages ist eine sorgenfreie Zone. Das kann Ihre Angewohnheit, pausenlos zu grübeln, durchbrechen. Sie geben damit Ihre Sorgen nicht auf, sondern heben sie für einen späteren Zeitpunkt auf. Damit kontrollieren Ihre Sorgen nicht Sie, sondern Sie sehen, dass auch Sie Kontrolle über Ihre Sorgen haben.
- Gegen ständige Sorgen helfen Aktivitäten: Unternehmen Sie etwas, das Ihre ganze Konzentration erfordert. Graben Sie Ihren Garten um, lesen Sie Kindern in der Stadtbücherei etwas vor, besuchen Sie ein Rockfestival, ma-

chen Sie eine Bergwanderung oder gehen Sie in einen spannenden Film in einem Breitleinwandkino. Zwingen Sie sich dazu, auch wenn Sie nicht in Stimmung sind. Es kann helfen, einmal alle sorgenvollen Gedanken zu durchbrechen. Die Probleme sind danach nicht weg, aber Sie fühlen sich besser.

- Der oft gehörte Rat »Gedankenstopp!«, also einfach mit den Sorgen aufzuhören, hilft wenig. Je intensiver Sie versuchen, den Gedanken daran zu verdrängen, dass Ihr psychotischer Sohn sich selbst aus dem Krankenhaus entlässt, desto mehr denken Sie daran. Sie müssen sich ständig auf das konzentrieren, woran Sie nicht denken sollen. Versuchen Sie, fünf Minuten lang nicht an kleine grüne Krokodile zu denken. Nun? Konnten Sie die kleinen grünen Krokodile ausblenden? Je mehr Sie es versuchen, desto hartnäckiger sehen Sie die Krokodile vor Ihrem geistigen Auge.
- Unterscheiden Sie produktive und unproduktive Sorgen: Ist das, worüber Sie sich Sorgen machen, lösbar? Wenn ja: Muss das Problem sofort gelöst werden oder ist es nicht so dringend? Schätzen Sie realistisch ein, was tatsächlich passieren kann. Welche Handlungsmöglichkeiten haben Sie? Wenn Sie es verhindern können, dann ergreifen Sie Maßnahmen dazu.

Überprüfen Sie, ob Ihre Sorgen zu Recht bestehen:

- Was genau ist das Schlimmste, das passieren könnte?
- Wie wahrscheinlich ist es, dass es passiert?
- Gibt es etwas, was ich dagegen tun kann?
- Gibt es jemanden, der uns helfen kann?
- Wenn es passiert, ist es dann wirklich so unerträglich, wie ich befürchte?

- Hat mein Sohn / meine Tochter eine ähnliche Situation schon einmal überwunden?

Ihr persönlicher Plan für Alltagsbewältigung und Krisenmanagement

Betroffenen wird empfohlen, im Vorfeld einen Plan zu machen, um ihren Alltag und ihre Krisen zu managen. Auch für uns Eltern kann ein solcher Plan nützlich sein.

Wie sorgen wir für uns selbst?

- Was können wir täglich tun, damit es uns gut geht? (Lesen, spazieren gehen, Blumen gießen, Musik hören, mehr schlafen.)
- Was können wir *ab und zu* tun, damit es uns gut geht? (Allein oder mit dem Partner verreisen, ins Konzert gehen, eine Fahrradtour machen, einen schönen Pullover kaufen.)
- Was wird uns zu viel, was ärgert uns? Was können wir dagegen tun?

Wie sorgen wir für unser Kind?

- Regelmäßiger Kontakt (Telefon, Besuch, Essengehen). Klare Absprachen treffen: Wann treffen, wann telefonieren, wie viel finanzielle Unterstützung?
- Auf seine Stimme achten: Klingt es besorgt? Nervös, Traurig? Vorsichtig darauf ansprechen.
- Alltagscoaching: Telefonisch beruhigen, kleine Sorgen anhören, bei Konflikten bei der Klärung helfen, Vorschläge machen, was es für sich tun kann (wenn erwünscht).

Der Krisenplan

Notieren Sie Telefonnummern und Sprechzeiten von wichtigen Ansprechpartnern und deponieren Sie diese an einem gut sichtbaren Ort (z. B. der Kühlschranktür):

Telefonseelsorge: Rat und Trost.

Krisendienst: Rat und Trost, der Krisendienst kommt auch mit einem Arzt zur Wohnung des Kindes.

Sozialpsychiatrischer Dienst, rechtliche Betreuung, niedergelassener Arzt: Sie können im Notfall eine Einweisung veranlassen. Vereinbaren Sie mit diesen Personen, wann sie erreichbar sind bzw. wer im Notfall ansprechbar ist. (Das kann regional unterschiedlich sein, erkundigen Sie sich vor Ort.)

Krankenhaus der Wahl, ein bevorzugter Arzt im Krankenhaus: Nehmen Sie *vor* einer Krise Kontakt mit Ihrem bevorzugten Krankenhaus auf, bei einer Zwangseinweisung müssen Polizei oder Feuerwehr Ihr Kind sonst in das jeweils zuständige Krankenhaus bringen. Besprechen Sie dort vorher mit einem Arzt, ob eine Aufnahme möglich ist, notieren Sie sich seinen Namen und die Telefonnummer. Der Pförtner weist Sie sonst zurück, wenn Ihr Kind nicht im richtigen Einzugsbereich wohnt.

Alternativen zum Krankenhaus: Erkundigen Sie sich, welche Einrichtungen es in Ihrer Region gibt: Krisenpension, Weglaufhaus, betreute Wohnungen o. Ä.

Hat jemand einen Schlüssel für die Wohnung des Kindes? Dann muss im Notfall kein teurer Schlüsseldienst gerufen werden.

Wenn Ihr Kind einverstanden ist: Eine schriftliche Entbindung von der ärztlichen Schweigepflicht. Eine Aufstellung der

Medikamente, die es bekommt und der Medikamente, die es nicht verträgt oder auf keinen Fall nehmen möchte.

Beim Kontakt mit Feuerwehr oder Polizei: Bitten Sie darum, ein Team zu schicken, das Erfahrung mit psychisch Kranken hat. Dies gelingt nicht immer, aber Sie sollten es versuchen.

Freunde Ihres Kindes: (Haben Sie die Telefonnummern?) Besprechen Sie mit Ihrem Kind, wen es zur Unterstützung bei sich haben will, vielleicht ist ihm ein Freund lieber als die Eltern. Besprechen Sie auch, wem Sie von dem Krankenhausaufenthalt erzählen dürfen und wem nicht.

Bereiten Sie ein »Überlebenspaket« vor: bequeme Kleidung, Tabak, Zigarettenpapier, Feuerzeug, Schokolade, 5-Minuten-Terrine, Kosmetik, Musik, Handy mit Prepaidkarte, Zeitschriften, (Bücher sind anfangs oft zu anstrengend), Geld (auch Kleingeld für Automaten). Falls Sie Einwände haben: Natürlich ist das alles weder gesund noch pädagogisch richtig, aber dies sind die Dinge, die im Krankenhaus wichtig sind.

Praktische Probleme: Wer gießt die Blumen, wer füttert die Katze, geht mit dem Hund, leert den Briefkasten?

Wenn Sie selbst noch kleine Kinder haben: Wer kann Sie unterstützen, während Sie bei Ihrem Kind im Krankenhaus sind?

Besprechen Sie Ihren Plan mit Ihrem Kind. Im Idealfall hat Ihr Kind allein oder mit Hilfe einer ambulanten Betreuung einen eigenen Krisen- und Vorsorgeplan entwickelt. Fragen Sie, wie Sie eventuell gemeinsam mit der ambulanten Betreuung Ihr Kind in einer Krise unterstützen sollen.

Eine Zwangseinweisung sollte immer das letzte Mittel sein, aber in zugespitzten Situationen kann sie notwendig werden.

Manchmal kann eine Krise auch von Ihnen, Freunden und der ambulanten Betreuung außerhalb des Krankenhauses bewältigt werden. Außerdem gibt es Alternativen zum Krankenhaus. Versuchen Sie jedoch vor einer Zwangseinweisung alles, um Ihr Kind davon zu überzeugen, freiwillig ins Krankenhaus zu gehen. Erkundigen Sie sich vor Ort, wie genau so eine Einweisung gehandhabt wird. Je besser Sie vorbereitet sind, desto weniger geraten Sie in Panik. Wenn eine Zwangseinweisung nicht zu umgehen ist, sollten Sie überlegen, ob Sie dabei sein sollten. Ich persönlich denke, Eltern sollten das den Fachleuten überlassen. Ihr Kind könnte es Ihnen sehr übel nehmen, dass Sie daneben stehen, wenn es von der Polizei abgeholt wird. Wenn Sie aber dabei sein wollen oder müssen, bleiben Sie möglichst ruhig, um die Aufregung Ihres Kindes nicht zu verstärken. Bitten Sie die Nachbarn, in ihre Wohnungen zurückzugehen und Ihr Kind nicht anzustarren, wenn es abgeholt wird.

Wenn Ihr Kind keine Hilfe will oder keinen Kontakt zu Ihnen hat, dann können Sie – leider – nichts anderes tun als loszulassen. Ihre Sorgen und Ängste werden daran nichts ändern können. Bedenken Sie trotz aller Aufregung, dass Ihr Kind in einem Krankenhaus auch Hilfe und Schutz bekommen kann.

Scham

»Ihr Buch hat mir gut gefallen, aber etwas hat mir gefehlt«, sagt eine Mutter nach einer Lesung zu mir. »Wie sind Sie denn mit Ihrer Scham umgegangen? Wann haben Sie sich getraut, anderen von der Krankheit zu erzählen?« Ich war überrascht. Scham? Wofür hätte ich mich schämen sollen? Dafür, dass meine Tochter an einer psychischen Krankheit litt? Dafür, dass meine Tochter sich manchmal merkwürdig benahm?

»Ich schäme mich, wenn mich eine Nachbarin in meinem Dorf fragt, ob ich meinem Sohn nicht einen ordentlichen Rucksack kaufen könne, damit er nicht immer mit diesen hässlichen Plastiktüten herumläuft. Ich habe ihm schon viele Rucksäcke gekauft, aber er verliert sie oder benutzt sie nicht. Aber das konnte ich ihr doch nicht sagen.«

Ich bin dieser Mutter dankbar, dass sie mich darauf aufmerksam gemacht hat, und inzwischen habe ich von vielen betroffenen Eltern gehört, dass sie sich oft schämen. Ich habe darüber nachgedacht, wie ich selbst mit diesem Gefühl umgehe. Möglicherweise ist es mir nicht so wichtig, wie andere Menschen über mich denken, aber natürlich gab es auch bei mir Situationen, in denen ich mich geschämt habe: Wenn Lena abgerissen und mit finsterer Miene aus dem Krankenhaus kam oder wenn sie mich in einem Restaurant laut beschimpfte. Allerdings habe ich mich nie geschämt zu erzählen, dass meine Tochter an Schizophrenie erkrankt ist. Ich dachte zunächst, ich sei frei von Scham. Aber das bin ich natürlich nicht. Offenbar entsteht das Gefühl von Scham nicht bei allen Menschen in der gleichen Situation. Jedenfalls ist für viele Eltern psychisch Kranker Scham ein quälendes Gefühl, das sie im Alltag begleitet.

Während wir Schuldgefühle entwickeln, weil wir glauben etwas falsch gemacht zu haben, entsteht Scham, weil wir glauben, dass an uns selbst etwas »falsch« ist, dass wir als Person nicht in Ordnung sind. Wir glauben, dass wir in den Augen anderer Menschen weniger wert sind, weil wir uns nicht so verhalten haben, wie wir uns hätten verhalten sollten. Wir verurteilen uns wegen eines Verhaltens oder wegen einer Eigenheit und nehmen an, dass andere Menschen das ebenso tun. Wer sich schämt, ist äußerst empfindlich für das Urteil seiner Umgebung. Wir fühlen uns abgewertet, weil wir meinen, dass andere Menschen uns Missbilligung entgegenbringen.

Aber auch unser Schamgefühl entsteht nicht wirklich durch das, was andere Menschen von uns denken, sondern durch die Art, wie *wir* denken. Wenn wir der Ansicht sind, keine Fehler machen zu dürfen, wenn wir uns als jemanden sehen, dessen Kinder perfekt sein müssen, dann schämen wir uns, wenn die Realität von unseren Vorstellungen abweicht. Schamgefühle treten auf, wenn unser Verhalten oder die Situation, in der wir uns befinden, nicht mit unserem Selbstbild übereinstimmt. Wenn wir denken, dass gute Eltern gesunde Kinder haben, dann schämen wir uns, wenn unser Kind psychisch krank ist. Wir nehmen an, dass andere Menschen auf uns herabsehen. Wenn wir glauben, dass man ordentlich sein müsse, dann schämen wir uns, wenn unser Sohn abgerissen herumläuft. Wir befürchten dann, dass andere Menschen wegen unseres Sohnes auf uns herabsehen. Wem es besonders wichtig ist, dass seine Kinder erfolgreich studieren und Aussicht auf einen wunderbaren Arbeitsplatz haben, der schämt sich, wenn sein Kind aufgrund der Krankheit das Studium nicht abschließen kann.

Wir kommen mit der Fähigkeit auf die Welt, Schamgefühle zu entwickeln, ebenso wie wir Freude oder Trauer empfinden können. Aber der Grund, weshalb wir uns schämen, kann bei jedem Menschen anders aussehen. Unsere Vorstellungen von richtigem oder falschem Verhalten haben Einfluss darauf, ob wir uns schämen oder nicht. Wir wollen und müssen gute Mütter oder Väter sein und schämen uns, wenn unsere Kinder nicht perfekt gelingen.

Es ist ein natürliches Bedürfnis, dazuzugehören und von anderen anerkannt zu werden. Daher möchten wir nicht zu sehr von den Normen der Gruppe abweichen, zu der wir gehören wollen. Eltern psychisch Kranker glauben, dass sie sich schämen (müssen), weil andere Menschen psychisch Kranke oder auch die Familien psychisch Kranker schlecht ansehen. Aber es sind nicht die anderen allein, die für unsere Scham verantwortlich sind, es sind auch unsere Erwartungen an uns selbst. Wir schämen uns, obwohl wir keinen Beweis dafür haben, dass andere wirklich eine schlechte Meinung von uns haben. Aber vielleicht schämen wir uns auch, weil wir früher selbst kritisch über Eltern gedacht haben, die ein psychisch krankes Kind hatten? Weil wir früher Menschen ebenfalls negativ beurteilt haben, die laut und abgerissen durch die Straßen laufen?

Sonja W. macht sich immer besonders ordentlich zurecht, wenn sie wegen ihrer Tochter zu einem Psychiater oder zu einer Behörde gehen muss. »Sie wissen ja, wie die denken, wenn man ein psychisch krankes Kind hat. Die behandeln einen dann gleich anders.« Sonja W. macht sich Sorgen, was der Psychiater oder die Beamtin wohl über sie denken könnte. Jeder Besuch bei einer Behörde oder einem Arzt ist eine Herausforderung für sie: Sie muss alles dafür tun, dass andere Menschen sie nicht abwerten. Für die Mutter, die sich schämt, weil eine Nachbarin im Dorf Anstoß an den Plastiktüten ihres Sohnes nimmt, ist jeder Gang zum Einkaufszentrum in ihrem Dorf eine Qual. Werden die anderen über sie tuscheln? Was werden sie denken, wenn sie von ihrem Sohn in seinem löchrigen Pullover begleitet wird? Sie ist gedanklich und emotional ständig damit beschäftigt, ob andere Menschen eine schlechte Meinung von ihr haben. Das kann sehr anstrengend sein. Und manchmal täuschen wir uns: Nicht immer denken Menschen das von uns, was wir glauben. Als ich einmal mit Bekannten beim Abendessen saß, fragte mich eine der Anwesenden, an welcher Krankheit meine Tochter denn leide. Schizophrenie, antwortete ich ihr. Sie betrachtet mich nachdenklich und fragte mich, ob ich noch etwas Salat wolle. Ich fühlte mich sofort unbehaglich. Fand sie das so schrecklich, dass sie nicht darüber reden wollte? Drückte ihr Blick Verachtung aus? Als ich mich bei einer dritten Freundin beklagte, erzählte sie, dass eine Nichte dieser Freundin ebenfalls an Schizophrenie leide. Sie erzählte auch, was ihre Schwester und deren Tochter alles durchmachen mussten. War ihr Blick vielleicht gar nicht verachtend gewesen, sondern mitleidig? Und hatte sie vielleicht aus Zurückhaltung nicht weiter nachgefragt, weil sie nicht wusste, ob ich offen darüber reden wollte? Allzu oft gehen wir von unseren Vermutungen und Ängsten aus und sehen diese durch einen Blick oder eine Äußerung bestätigt, ohne dass wir wirklich wissen können, was der andere gedacht hat.

Aber selbst wenn andere schlecht über uns reden oder denken sollten, müssen wir uns das so zu Herzen nehmen?

Elsbeth P. geht zweimal die Woche zu ihrer 48-jährigen Tochter, um sie zu waschen und ihre Wohnung zu putzen. »Es ist schrecklich«, sagt die zierliche alte Frau. »sie ist mir inzwischen viel zu schwer und dann ist sie auch oft so böse und schlägt mich.« Sie zeigt mir die blauen Flecke an ihren Armen. »Aber ich muss sie doch sauber halten, was sollen sonst die Nachbarn denken?« Elsbeth P. schämt sich, weil die Nachbarn schlecht über ihre ungewaschene Tochter denken *könnten*. Glaubt sie das, weil sie selbst ebenfalls schlecht über eine ungewaschene Nachbarin denken würde? Wenn sie ihre Gedanken ändern würde, ginge es ihr besser. Ihre Schamgefühle hindern sie daran, eine pragmatische Lösung zu finden. Sie *könnte* sich sagen, dass es nicht wichtig ist, was die Nachbarn sagen. Oder sie *könnte* den Nachbarn erklären, dass ihre Tochter krank ist und daher nicht gut für sich selbst sorgen kann. Statt sich zu schämen und sich schlagen zu lassen, könnte sie eine professionelle Unterstützung organisieren, die der Tochter hilft. Aber sie könnte ihre Tochter auch einfach nur besuchen und eine Tasse Kaffee mit ihr trinken, statt sie waschen zu wollen. Vielleicht wehrt sich die Tochter mit ihren Schlägen gegen das aufgezwungene Sauberkeitsregime? Vielleicht wäre sie weniger »böse«, wenn die Mutter sich nicht darum kümmern würde, was die Nachbarn denken, sondern sich fragen würde, womit sie ihrer Tochter eine Freude machen kann.

Scham kann dazu führen, dass Eltern eine Krankheit verheimlichen, sich zurückziehen, Freunde und öffentliche Ereignisse meiden und eigene Wünsche aufgeben. Wir werden unsicher, weil wir Angst vor Entdeckung haben. Stumm sitzen wir dabei, wenn andere über die beruflichen Erfolge ihrer perfekten Kinder berichten. Wir meiden Feste, weil wir uns schämen, wenn sich unser Kind seltsam benimmt oder zu dick geworden ist. Wenn wir die Krankheit oder gar unser Kind verheimlichen oder verstecken, dann können wir auch keine neuen Erfahrungen machen: Wir können nicht feststellen, ob andere Menschen tatsächlich schlecht von uns denken oder unser Kind kritisch betrachten oder ob vielleicht neue, unerwartete Reaktionen kommen. Scham kann dazu führen, dass wir uns minderwertig fühlen. Sie blockiert uns, so dass wir nicht mehr rational denken können. Dadurch verhindert sie, dass wir neue Sichtweisen entwickeln und sinnvolle Entscheidungen treffen. Wir sind viel zu sehr damit beschäftigt, diesem unangenehmen Gefühl zu entfliehen. Wenn Scham zu einem anhaltenden Gefühl wird, kann das zu sozialer Isolation und gar zu Depressionen führen. Scham kann uns auch wütend machen: Wir richten dieses unangenehme Gefühl nach außen und werden böse auf die Welt, die uns nicht anerkennt oder gar missachtet.

Aus Scham verstecken viele Eltern die Krankheit ihres Kindes. Obwohl sie es in Gesprächsgruppen als entlastend empfinden, sich über ihre Situation auszutauschen, ist es fast unmöglich, eine Mutter oder einen Vater zu finden, die auf einer öffentlichen Veranstaltung darüber sprechen würden. Seit dem Erscheinen meines vorherigen Buches werde ich oft von Journalisten nach Angehörigen gefragt, die sich interviewen lassen. Mir ist es noch nie gelungen, jemanden zu finden. Ich war erschüttert, als mir zwei Familien nach einer Lesung berichteten, dass sie seit zwanzig Jahren Nachbarn sind und auch gemeinsam Aktivitäten unternehmen. Erst bei der Lesung erfuhren sie voneinander, dass beide seit Jahren ein psychisch krankes Kind haben.

Ermutigende Beispiele zeigen, dass alle gewinnen, wenn wir uns nicht schämen. Die Tochter von Karin Z. leidet an Schizophrenie. Sie wohnt in einer betreuten Wohnung und hat guten Kontakt zur Mutter. Zusammen machen sie interessante Reisen und Karin Z. kann damit umgehen, wenn die Tochter sich dabei manchmal ein wenig merkwürdig verhält. Auf Festen, die Karin Z. mit der Partei organisiert, in der sie sich engagiert, ist ihre Tochter ein vertrauter Anblick: Hochvergnügt verteilt sie Kuchen und schenkt Kaffee aus.

In Athen kamen die Mitglieder des Verbandes der Geschwister psychisch Kranker auf die Idee, gemeinsam mit ihren Geschwistern eine einwöchige Reise auf eine Insel zu machen. Einige der gesunden Geschwister mussten anfangs innerliche Barrieren überwinden, sie schämten sich. Nach einer Stunde war die Scham überwunden, und seither ist der Inselausflug zu einer jährlichen Tradition geworden.

Wenn ich mit meiner Tochter auf Veranstaltungen erscheine, höre ich von Betroffenen oft, wie sehr sie sich wünschen, dass auch ihre Eltern sie auf Veranstaltungen begleiten. Nachdem meine Tochter merkte, dass sie durch die Veröffentlichung meines Buches keinerlei Nachteile hatte, hat sie das mutig gemacht: Sie hält jetzt gemeinsam mit mir Vorträge über den Umgang mit ihrer Krankheit vor Angehörigen.

Woran liegt es, dass Familien in ihrem engeren Umfeld, aber vor allem in der Öffentlichkeit so ungern über die psychische Krankheit ihrer Kinder sprechen? »Das möchte meine Tochter nicht«, »Das kann ich ihr nicht antun«, »Sie würde wütend auf mich sein«, »Das würde meinem Sohn beruflich schaden« oder auch »Man muss vorsichtig sein, wem man das sagt, man weiß doch, wie die Leute reagieren« sind häufige Antworten. Es kann vernünftige Gründe geben, sich mit dieser Information zurückzuhalten. Wer sich als Abteilungsleiter bei einer Bank bewirbt, dem ist nicht zu empfehlen, von seiner letzten Psychose zu berichten. Aber ebenso wenig empfehlenswert wäre es, im Bewerbungsgespräch sofort von einem Diabetes oder einer früheren Krebserkrankung zu berichten. In so einem Fall ist es eine vernünftige Entscheidung, nicht über die Krankheit zu reden. Die meisten unserer Erkrankten sind aber leider nicht in dieser Situation, und daher ist auch die entsprechende Vorsicht nicht geboten. Wenn unsere Kinder eine Rente beziehen, oder in einer betreuten Wohngemeinschaft leben, weshalb sollte es ihnen dann schaden, wenn wir unseren Nachbarn, Freunden oder auch unserem Arzt erzählen, dass wir ein psychisch erkranktes Kind haben? Warum verheimlichten die Nachbarn aus meiner Lesung zwanzig Jahre lang die Krankheit ihrer Kinder voreinander? Warum will ein Vater, der sich aktiv in der Angehörigenbewegung engagiert, keinen öffentlichen Ehrenamtspreis für sein Engagement entgegennehmen? Warum erfährt man bei einem Abendessen plötzlich, dass die Gastgeber noch einen anderen Sohn haben, über den nie geredet wird? Will man sein Kind schonen oder ist der Grund für diese Verschwiegenheit eher die Scham der Eltern?

Weder für Eltern noch für das betroffene Kind ist diese Scham gut. Wie wirkt es wohl auf meine Tochter, wenn sie spürt, dass ich mich für ihre Krankheit schäme? Auch das Argument, der Sohn oder die Tochter wollten nicht, dass die Eltern offen mit der Krankheit umgehen, überzeugt mich nicht. Dahinter steht die Scham des Betroffenen, der sich durch die Krankheit abgewertet fühlt. Statt seinem Wunsch zu folgen, könnten wir ihn davon überzeugen, dass die psychische Krankheit – auch aus unserer Sicht – nichts ist, weshalb er sich schämen müsste.

Meine Tochter erzählte mir, dass sie ihre Krankheit jahrelang nicht akzeptieren konnte, weil sie sich schämte. Sie weigerte sich, Medikamente zu nehmen, ins Krankenhaus zu gehen oder ambulante Hilfe anzunehmen. Sie wollte auf keinen Fall Angebote für psychisch Kranke annehmen. Es entsprach nicht ihrem Selbstbild, psychisch krank zu sein. Sie war nicht so, wie sie sein und von außen gesehen werden wollte. Auch meinem Buchprojekt stand sie anfangs skeptisch gegenüber. Ich hätte ihr keinen Gefallen getan, wenn ich nachgegeben hätte. Wir schützen unsere Kinder nicht, indem wir ihrem Schamgefühl nachgeben und damit bestätigen, dass sie sich schämen müssen. Heute ist meine Tochter froh darüber, dass ich öffentlich sage, dass es an ihrer Erkrankung nichts gibt, wofür sie oder ich mich schämen müsste. Sie hat durch mein Buch keinen Nachteil gehabt, im Gegenteil. In ihrem Haus gab es in einer schwierigen Phase Ärger und Beschwerden über sie. Später ging sie zu den Nachbarn, erklärte, dass sie krank war und entschuldigte sich. Das wurde sehr positiv aufgenommen. Ein ebenfalls dort wohnendes älteres Ehepaar hat das Buch gelesen und sagte ihr, wie sehr es sich freute, dass es ihr so viel besser gehe. Es mag Nachbarn geben, die weiterhin schlecht über sie reden, aber niemand kann von allen Menschen geliebt werden. Es gibt auch Nachbarn, die uns ablehnen, weil die Fußmatte vor unserer Tür nicht täglich gestaubsaugt wird. Wir können nicht alle Menschen überzeugen, aber wir können ihnen die Chance geben zu verstehen, weshalb etwas »merkwürdig« ist, und darauf hoffen, dass sie positiv reagieren. Lena tut es gut, dass ich mich nicht schäme, und schämt sich selbst auch immer weniger.

Auch das Argument, »meine Tochter würde wütend werden oder den Kontakt zu mir abbrechen« sollten wir hinterfragen. Hilft es ihr, wenn wir dieser emotionalen Erpressung nachgeben? Lassen wir uns erpressen, weil wir uns selbst schämen? Tatsächlich gibt es Menschen, die uns abwerten. Vor Jahren riet ich einem Freund, der erkennbar an Depressionen litt, sich von einem Therapeuten helfen zu lassen. Seine Reaktion war deutlich: Das hätte er nicht nötig: »In deiner Familie ist man verrückt«, meinte er, »in meiner bestimmt nicht.« So etwas kann immer passieren, aber wir sollten uns davon nicht einschüchtern lassen und es nicht überbewerten. Dieser Mensch kann mir nicht verbieten, offen über die psychische Krankheit in meiner Familie zu sprechen. Ich muss mich nicht von seinen Meinungen abhängig machen, aber er ist auch nicht für meine Gefühle verantwortlich.

Wenn Scham uns jahrelang gequält hat, können wir sie nicht innerhalb kurzer Zeit überwinden. Aber wir können uns einer wirklichen oder vermeintlichen Beschämung in kleinen

Schritten mit Selbstbewusstsein und einer klaren Haltung entgegenstellen. Statt sich zu schämen, könnte die Mutter sagen: »Ich finde es auch nicht schön, dass mein Sohn mit Plastiktüten herumläuft. Er leidet an einer psychischen Krankheit und verhält sich daher manchmal merkwürdig. Ich habe ihm schon oft Rucksäcke gekauft, aber er verliert sie und will lieber seine Plastiktüten nehmen. Es macht ihn nur ängstlich oder wütend, wenn ich sie ihm wegnehmen will.« Als ich ihr diesen Rat gab, sagte sie, dass es ihr peinlich sei, mit fremden Menschen offen über die Krankheit ihres Sohnes zu sprechen. Das kann ich verstehen, es wäre für sie sicher ein großer Schritt. Aber welche Wahl hat sie? Sie kann entscheiden, ob sie sich weiter schämen will und schnell die Straßenseite wechselt oder im Supermarkt in einen anderen Gang huscht, wenn diese Frau ihr wieder begegnet. Oder ob sie allen Mut zusammennimmt und freimütig erzählt, warum ihr Sohn mit Plastiktüten herumläuft. Entweder reagiert das Gegenüber verständnisvoll und tröstend oder erzählt sogar von einem ähnlichen Fall in ihrer Familie. Wir wissen, wie oft das passiert. Oder die Person entfernt sich entsetzt und denkt – weiterhin – schlecht über die Mutter mit dem »seltsamen« Sohn. Aber dann hat sich gegenüber der vorherigen Situation auch nichts verschlechtert. Der Unterschied ist aber, dass die Mutter für ihr Kind gesprochen hat und nicht passiv geblieben ist.

Meine Heldin ist Liselotte V., weit über sechzig, äußerst elegant und gepflegt. Sie sitzt mit ihrem schizophreniekranken Sohn in der Straßenbahn. Hose und Pullover des Sohns sind abgerissen, die Haare fettig, er dirigiert mit den Armen und summt zur Musik seines Walkmans vor sich hin. Eine Dame auf dem Sitz gegenüber betrachtet ihn missbilligend.

Liselotte V. guckt ihr ins Gesicht und sagt streng: »Finden Sie es nicht unhöflich, meinen Sohn so zu fixieren? Er leidet an einer psychischen Krankheit und kann nichts dafür, dass er so aussieht. Sie sollten etwas mehr Rücksicht nehmen und höflicher sein.« Wir wissen nicht, ob die so angesprochene Dame daraus etwas gelernt hat. Aber meine Heldin hat etwas Großartiges getan: Sie hat sich nicht beschämen lassen, sondern selbstbewusst eine mögliche Beschämung von sich gewiesen. Sie ist gestärkt aus der Situation gegangen, und für ihren Sohn war es sicher ein großer Trost, dass seine Mutter sich seinetwegen nicht geschämt hat und für ihn eingetreten ist. Das ist nur ein kleines Beispiel, aber auch mir hat es geholfen, selbstbewusster und offensiver mit Situationen umzugehen, die ich in den ersten Jahren manchmal als beschämend empfand.

Meine Tochter schreit mich auf der Straße an, na und? Zehn Minuten später ist es vorbei. Meine Tochter wird im Restaurant laut? Ja, auch ich habe mich dafür geschämt. Aber wenn wir beide erhobenen Hauptes wieder in das Restaurant gehen und dort friedlich essen, dann hat der Kellner das auch bald wieder vergessen. Und wenn nicht, zwingt mich niemand, mein Selbstwertgefühl davon abhängig zu machen, was der Kellner von mir und meiner Tochter denkt, selbst wenn sie laut wird oder ein schmuddeliges T-Shirt trägt.

Das ist nicht leicht, denken Sie jetzt? Nein, es ist nicht immer leicht. Aber wenn Sie überlegen, was unsere Kinder aushalten müssen, wird es vielleicht weniger schwierig. Wenn wir uns schämen, wie soll es dann erst den Betroffenen gehen? Sie müssen immer damit leben, dass sie von anderen dabei beobachtet werden, wenn sie sich merkwürdig verhalten. Meine Tochter hat mir erzählt, wie sehr sie sich wegen ihres lauten oder merkwürdigen Verhaltens während einer Manie schämte. Aber sie kann sich nicht verstecken, sie muss weiter in den Bus steigen, ihrer Nachbarin auf dem Flur begegnen und im Supermarkt einkaufen. Sie muss Menschen wieder gegenübertreten, die sie in schwierigen Phasen erlebt haben und die – vielleicht – abfällig über sie reden. Da braucht sie Eltern, die sich nicht schämen oder sich beschämen lassen. Sie braucht Eltern, die offen und selbstbewusst dazu stehen, dass ein Familienmitglied krank ist und sich manchmal seltsam benimmt.

Es ist nicht leicht, sein Verhalten von einem Tag auf den anderen zu ändern. Niemand verlangt, dass Sie mit einem großen Schild »Mein Kind ist psychisch krank!« durch die Straßen laufen. Aber Ihrem nächsten Umfeld die Krankheit zu verschweigen, ist weder für Ihr Kind noch für Sie gut. Beginnen Sie mit kleinen Schritten, erzählen Sie der Nachbarin oder einem guten Freund von der Krankheit. Haben Sie den Mut in einem Gespräch, in dem abwertend oder oberflächlich über Menschen gesprochen wird, die es nicht schaffen, ihr Leben erfolgreich zu bewältigen, oder die krank sind, Stellung zu beziehen. Ziehen Sie sich nicht verletzt zurück, sondern sagen Sie deutlich, dass sie es nicht richtig finden, wenn so über andere Menschen geredet wird. Sagen Sie, dass es Sie kränkt, weil Sie selbst einen kranken Sohn haben. Wenn Ihr Tischnachbar berichtet, dass sein Sohn ein Studienstipendium nach Japan bekommen hat, dann erzählen Sie, dass Ihre Tochter seit zwei Monaten stundenweise in einem geschützten Projekt arbeitet und ihr das viel Spaß macht. Sie können nicht wissen, wie die Menschen darauf reagieren werden. Und wenn Ihr Tischnachbar Vorurteile hat, können Sie das nicht ändern. Aber Sie werden gestärkt aus diesem Gespräch gehen, denn Sie sind nicht Opfer geblieben und Sie haben Ihrem Schamgefühl keine neue Nahrung gegeben.

Was tun?

Hinterfragen Sie die Gedanken, die zu Ihrem Schamgefühl führen. Haben Sie einen Beweis dafür, dass genau das eintritt, was Sie befürchten?

- Macht das psychisch kranke Kind Sie zu einer weniger »guten« Familie?
- Was würden Sie über eine andere Familie sagen, in der ein Kind psychisch krank ist? Wenn Sie selbst nicht schlecht über diese Familie denken, warum sollten andere Menschen dann schlecht über Sie denken?
- Wenn jemand denkt, sie seien ein schlechter Vater, sind Sie es dann auch wirklich?
- Was würden Sie einer Mutter sagen, die Angst davor hat, dass jemand von der Krankheit ihres Kindes erfährt? Wenn Sie ihr sagen können, dass es keinen Grund gibt, sich für die Krankheit zu schämen, warum sollten Sie es dann tun?
- Gab es Situationen, in denen Sie offen über die psychische Krankheit Ihres Kindes sprachen und jemand dann positiv reagiert oder von ähnlichen Erfahrungen berichtet hat?
- Haben die Bewertungen, Gefühle und Äußerungen anderer Menschen wirklich etwas mit Ihnen zu tun?
- Sind Sie sicher, dass Sie die Blicke oder das Verhalten anderer immer richtig interpretieren?
- Wenn jemand Sie abwertet – müssen Sie dessen Äußerungen oder Blicke immer annehmen? Oder ist es Ihre Entscheidung, ob Sie sich davon beeinflussen lassen?

4 Mut zur mehr Gelassenheit

Loslassen, Kontrolle abgeben, Grenzen setzen

Es wird uns besser gehen, wenn wir die Realität akzeptieren. Unser Kind leidet an einer Krankheit, die nicht wieder verschwinden wird und die es in manchen Phasen zu einem Menschen macht, den wir nicht wiedererkennen, der selbst oft leidet und uns das Leben schwermachen kann. Auch unser Leben wird oft von dieser Krankheit bestimmt sein, wenn wir uns dafür entscheiden, unser Kind zu unterstützen. Aber das muss weder bedeuten, dass unser Kind kein gutes Leben haben kann noch, dass wir den Rest unseres Leben leiden müssen. Es wird ein anderes Leben sein, als wir uns das vorgestellt und anders, als es sich unsere Kinder gewünscht haben. Aber es kann dennoch ein geglücktes Leben sein. Ich kenne viele psychisch Kranke, die für sich ein gutes Leben gefunden haben, ebenso wie ich Eltern kenne, die trotz der Krankheit ihres Kindes auch wieder an sich denken und ihr Leben genießen können. Viele Eltern haben erkannt, dass nach Krisen immer wieder gute Zeiten kommen. Ein Paar, das mich in einer Krise verzweifelt anrief, berichtete Monate später, dass für den psychisch kranken, drogenabhängigen und obdachlosen Sohn inzwischen ein gutes Heim in ihrer Nähe gefunden sei, und dass er jetzt sowohl Medikamente als auch eine Entziehungskur akzeptiert habe.

Eine Mutter, die zwei Jahre lang nichts von ihrer Tochter gehört hatte, schrieb, wie glücklich sie sei, wieder eine gute Beziehung zu ihrer Tochter zu haben, die nun stundenweise in einem geschützten Projekt arbeitete und deutlich stabiler war als vor der langen Kontaktpause.

»Mein Sohn hat jetzt seine Ausbildung abgeschlossen und fängt gerade an, sich auf dem ersten Arbeitsmarkt in seinem Beruf zu bewerben. Ich bin so glücklich, ich erkenne ihn nicht wieder«, schreibt eine Mutter, deren Sohn ein Jahr im Maßregelvollzug verbracht hatte. Diese Eltern freuen sich über die kleinen Schritte ihrer Kinder, die bei einer psychischen Krankheit auch große Schritte sein können. Wenn wir die Realität akzeptieren und uns für unsere Kinder freuen können, weil sie trotz ihrer Krankheit eine Besserung ihrer Situation erreicht haben, dann wird sich auch unsere Belastung verringern.

»Das sind doch Ausnahmefälle«, sagt Corinna G. Ihre Tochter macht die klassische Drehtürpsychiatrie durch: In der Klinik wird sie mit Medikamenten eingestellt, zu Hause geht es eine Weile gut. Dann setzt sie ihre Tabletten ab, entwickelt Wahnzustände und kommt wieder ins Krankenhaus. Aber jedes Mal organisiert sie sich hinterher selbst eine Wohnung oder findet eine Wohngemeinschaft und kann sich selbst und ihre Katze gut versorgen. Corinna G. kann sich seit fünfzehn Jahren mit dieser Situation nicht abfinden. Sie versucht vergebens, ihre Tochter auf stärkere Medikamente umstellen zu lassen.

Ganz bestimmt ist es schmerzhaft, immer wieder neue Krisen ihrer Tochter mitzuerleben. Und vielleicht wären stärkere Medikamente und ein langer Krankenhausaufenthalt tatsächlich besser für sie. Aber Corinna G. sollte akzeptieren, dass ihre Tochter selbst entscheiden will. Sie will ihre Freiheit behalten. Stattdessen besteht Corinna G. darauf, dass ihre Tochter die »richtige« Behandlung bekommt, weil sie immer noch hofft und glaubt, dass alles wieder gut werden könnte und die Tochter gesund wird. Wenn Corinna G. die Realität akzeptieren könnte, dass nämlich das, was sie sich erhofft, nicht geschehen wird, ginge es ihr besser: Dann könnte sie sich darüber freuen, dass ihre Tochter so selbständig ist, dass sie sich eine Wohnung sucht und auch selbst versorgt. Aber sie kann sich darüber nicht freuen, weil sie fordert, dass genau das geschieht, was *sie* für richtig hält. Weil das nicht passiert, ist sie jedes Mal aufs Neue aufgebracht und wütend. Es gelingt ihr nicht, auch die positiven Aspekte der Situation zu sehen, sondern sie sieht nur den wieder aufblühenden Wahn, die wiederholten Krankenhausaufenthalte. Das alles – glaubt sie – würde nicht passieren, wenn sich Ärzte und ihre Tochter nach ihr richteten. Weil sie die Krankheit ihrer Tochter nicht wirklich akzeptieren kann, freut sie sich auch nicht darüber, dass es zwischen den Krankenhausaufenthalten immer wieder lange Phasen gibt, in denen es der Tochter besser geht und in denen sie schöne Zeiten miteinander verleben. Corinna G. geht es seit Jahren schlecht und sie kann nicht aufhören, sich über das Verhalten ihrer Tochter und der Ärzte zu ärgern. Ich bin überzeugt davon, dass es ihr und anderen Eltern besser gehen würde, wenn es ihnen gelänge, nur das für »richtig« zu halten, was möglich ist.

Zur Akzeptanz der Realität gehört es auch, verpassten Lebenschancen nicht nachzutrauern. Martin S. ist traurig und enttäuscht, weil sein Sohn sich vernachlässigt, dick und träge geworden ist und nicht mehr das attraktive und sportliche Kind ist, auf das er in seiner Schulzeit so stolz war. Renate O. ist unglücklich, weil ihre Tochter nicht als Künstlerin Karriere machen konnte. Gerhard M. kann nicht verwinden, dass sein Sohn nicht das Unternehmen übernommen hat, das er aufgebaut hatte. Adelheid S. erzählt immer wieder, wie traurig und enttäuscht sie ist, dass ihre Tochter ihr keine Enkelkinder geschenkt hat, obwohl die Tochter inzwischen glücklich mit einem Freund zusammenwohnt.

Wie wirkt es auf Töchter und Söhne, wenn ihre Eltern so enttäuscht sind? Muss sie das nicht ebenfalls unglücklich machen? Ihre Krankheit hat ihnen das Leben, das sie sich erhofft hatten, unmöglich gemacht. Sie bemühen sich dennoch jeden Tag, sich ein eigenes, gutes Leben aufzubauen. Wir hingegen trauern unseren enttäuschten Erwartungen nach. Wenn wir in der Lage wären, das zu sehen, was unsere Kinder erreicht haben, anstatt uns darauf zu konzentrieren, was sie nicht erreicht haben, könnten wir stolz auf sie sein und uns für sie freuen.

Versuchen Sie, Ihre Einstellung zu ändern: Schauen Sie nicht auf das, was nicht (mehr) möglich ist, sondern auf das, was möglich ist. Das wird Ihr Leben und das Ihrer Kinder schöner machen.

Viele Eltern betonen immer wieder, wie unglaublich intelligent ihr Kind »eigentlich« sei und dass sich psychisch Kranke ohnehin stets durch eine besonders hohe Intelligenz und Sensibilität auszeichnen. Was wollen sie damit sagen? Dass es eine Auszeichnung ist, an einer psychischen Krankheit zu leiden, weil das durchschnittlich begabten Menschen nicht passieren kann? Dass ihre Kinder »eigentlich« hochintelligent, aber tatsächlich aufgrund der Krankheit Versager sind? Wollen sich Eltern mit diesen Worten selbst auszeichnen, weil sie so hochbegabte Kinder haben? Oder können sie einfach nicht akzeptieren, dass ihr Kind auf Grund der Krankheit manches nicht erreichen kann? Hochbegabt oder durchschnittlich begabt – eine psychische Krankheit kann dazu führen, dass die Betroffenen der Belastung durch eine Ausbildung, ein Studium oder eine reguläre Arbeit nicht gewachsen sind. Aber das heißt nicht, dass das, was sie können, wertlos ist.

Wir setzen unsere Kinder unter Druck, wenn sie von uns hören, wie intelligent sie »eigentlich« sind, aber selbst sehen, dass sie nicht immer in der Lage sind, diese Intelligenz einzusetzen. Wir zeigen ihnen, dass wir von ihnen enttäuscht sind. Stattdessen könnten wir anerkennen, was viele von ihnen tatsächlich leisten. Menschen, die durch ihre psychische Krankheit beeinträchtigt sind und sich dennoch weitgehende Selbständigkeit, Freundschaften oder auch eine Beschäftigung erarbeiten, vollbringen eine enorme Leistung. Es gibt keinen Grund, enttäuscht zu sein. Wir sollten anerkennen, was unsere Kinder gegen die Widerstände durch Krankheit und Medikamente im Leben erreichen, und wir sollten stolz darauf sein.

Nicht nur unsere Kinder leiden, wenn wir in Enttäuschung und Bitterkeit verharren, es schadet auch uns selbst. Es wäre schon viel gewonnen, wenn es uns gelänge, uns zu versöhnen: mit dem Schicksal, mit der Krankheit, mit Ärzten oder Sozialarbeitern, von denen wir uns missachtet gefühlt haben, selbst mit unserem Kind, das keinen Kontakt mehr zu uns will. Enttäuschung und Bitterkeit können uns ungerecht machen. Wir fangen vielleicht an, andere Menschen zu beneiden, deren Leben uns viel unbekümmerter erscheint. Ich habe mich selbst dabei ertappt, dass ich andere Menschen als oberflächlich abgetan habe, weil sie sich nicht mit einem derart gravierenden Problem beschäftigen müssen. Ich habe sie beneidet und ihnen manchmal – insgeheim – auch ein paar Sorgen gewünscht. Aber wir wissen nichts von den Problemen anderer Menschen: Arbeitslosigkeit, Untreue, schlechte Arbeitsbedingungen, Krankheit, Tod eines geliebten Menschen, Abhängigkeit, Schulden – die Menschen haben die unterschiedlichsten Sorgen und Probleme, und wir sollten unsere Situation nicht für gravierender halten als ihre, es sollte keinen Wettbewerb von Lebenskrisen geben. Manchmal hilft es, die Dinge etwas in Perspektive zu rücken und sich vor Augen zu halten, womit andere Menschen zu kämpfen haben. Die israelische Schriftstellerin Lizzie Doron antwortete auf die Frage, wie sich ihre Kinder unter den Bedingungen des palästinensisch-israelischen Konflikts psychisch entwickeln: »Von mir aus könnten sie verrückt sein. Hauptsache, sie bleiben am Leben.«

Eine psychische Krankheit ist keine Katastrophe. Sie ist ein schwerer Einschnitt, sie ist tragisch, sie löst Angst, Verzweiflung und Trauer aus. Es ist oft schwer, damit umzugehen, es ist nervenaufreibend, aber es ist keine *Katastrophe*. Einer Katastrophe bin ich hilflos ausgeliefert – wenn mich dagegen ein tragisches oder angsteinflößendes Ereignis trifft, dann kann ich etwas dagegen tun.

Statt enttäuscht zu sein, sollten wir uns also mit unserem Leben aussöhnen. Das bedeutet nicht Resignation, sondern die Akzeptanz, dass unser Leben genau diese Wendung genommen hat. Je mehr wir uns daran klammern, dass durch den richtigen Arzt, das richtige Medikament oder die Einsicht unseres Kindes irgendwann doch wieder alles so sein wird wie vor der Diagnose, desto größer wird unsere Enttäuschung sein. Hoffen Sie auf kleine, realistische Verbesserungen, dann werden Sie auch weniger enttäuscht sein.

Mir geht es besser, seitdem ich mich mit meinem Schicksal versöhnt habe. Für wenige Menschen verläuft das Leben so, wie sie sich das in jungen Jahren erträumt haben. Aber es bleiben immer noch viele kleine Träume, die wir uns erfüllen können: Wir können eine glückliche Beziehung führen, Posaune spielen, Musik hören, Aquarellbilder malen, zur Tulpenblüte nach Amsterdam fahren, Kindern in der Bibliothek vorlesen oder Bücher schreiben. Eine Mutter mit vier körperlich und psychisch kranken Kindern schickt mir ab und zu witzige kleine Alltagsgeschichten, die sie oder ihre kranke Tochter geschrieben haben. Als Schlusssatz stand in der letzten Mail: »Sind wir nicht trotzdem eine kleine glückliche, ganz normale Familie?« Solche Mütter sind meine Heldinnen.

Wenn doch nur …

»Wenn der Arzt nur mit mir sprechen würde, dann könnte ich ihm endlich erklären, was wirklich mit Thomas los ist.« Wolfgang S. ist überzeugt davon, dass der Arzt Thomas' Krankheit nicht wirklich versteht. »Thomas kann sich so gut verstellen, der ist so clever, der lügt dann auch. Manchmal denke ich, dass der Arzt *mich* für verrückt hält. Thomas ist so vernünftig, wenn er mit dem Arzt spricht, er redet so klug und gewandt, dass niemand auf die Idee kommt, dass er krank ist.«

Wenn doch nur …, immer wieder höre ich diese Worte von verzweifelten oder resignierten Eltern. Wenn die Tochter doch nur ihre Tabletten nähme, wenn sie doch nur Krankheitseinsicht zeigen würde, wenn die Betreuerin netter zu uns wäre, wenn der Arzt bloß auf uns hören würde! Ja, es ist ein Schock anfangs, dass sie genau das nicht tun: Unsere

Kinder nehmen keine Tabletten, manche Ärzte oder Sozialarbeiter reden oft nicht sehr freundlich mit uns. Es gehört zu unserem Alltag und unserer Realität, dass weder unsere Kinder noch die Ärzte das tun, was wir uns wünschen und was wir für richtig halten. Doch andere Menschen ändern sich nicht, nur weil wir das wollen. Die einzige Person, die wir ändern können, sind wir selbst. Und damit haben wir begonnen, wenn wir unsere Realität akzeptieren. Seien Sie realistisch: Wenn Ihr Kind etwas nicht will, werden Ermahnungen oder Bitten daran nichts ändern.

Als ich vor einer größeren Gruppe erzählte, dass ich meine Tochter nicht mehr danach frage, ob sie ihre Tabletten nimmt, erntete ich Unverständnis. Einige Mütter und Väter fanden mich verantwortungslos. Man müsse doch …, das sei doch wichtig …, argumentierten sie. Natürlich ist es wichtig, dass unsere Kinder ihre Medikamente nehmen, aber nützt es etwas, wenn wir sie ermahnen? Es ist *ihre* Verantwortung, die Tabletten zu nehmen, nicht *unsere*. Wenn meine Tochter die Tabletten nehmen will, wird sie es tun. Dann muss sie auch nicht erinnert werden. Wenn sie es nicht will, dann wird kein Nachfragen von mir etwas daran ändern. Meine Tochter wird sich nicht ändern, nur weil ich das will. Ermahnungen verschlechtern nur die Beziehung zu dem erkrankten Kind.

Stattdessen können wir unser Kind fragen, ob es an die Tabletteneinnahme erinnert werden möchte. Wir können es auch fragen, *warum* es seine Tabletten oder bestimmte Hilfsangebote nicht akzeptiert. Vielleicht hat es schlechte Erfahrungen mit den Medikamenten oder Psychiatern gemacht. Dann können wir es dabei unterstützen, andere Ärzte zu finden. Vielleicht wünscht es sich auch eine andere Art von Hilfe. Konzentrieren Sie sich darauf, dass Ihr Kind sich von Ihnen verstanden fühlt, selbst wenn Sie unterschiedliche Meinungen zu Medikamenten oder Krankenhausaufenthalten haben. Dann besteht vielleicht eine Chance, dass es versteht, warum Sie es darum bitten, die Tabletten zu nehmen oder andere Hilfsmöglichkeiten anzunehmen. Wir sollten versuchen, auch die Perspektive unseres Kindes besser zu verstehen: Nicht alles, was wir für ein gutes Ergebnis halten, sieht das Kind genauso. Wir zeigen Verantwortung, wenn wir ihm zutrauen, für sich selbst zu sorgen.

Ärzte ändern zu wollen, ist noch weniger ergiebig. Trotz aller gut gemeinten Bemühungen um trialogisches Vorgehen und den Appell an das Mitgefühl der Ärzte werden wir lange warten müssen, bis Psychiater sich die Zeit nehmen wollen oder können, um so ausführlich mit uns zu reden, wie wir uns das vor allem zu Beginn der Krankheit wünschen. Irgendwann müssen wir akzeptieren, dass Ärzte andere Aufgaben haben, dass sie keine Zeit haben, dass sie unsere Gespräche nicht abrechnen können und – auch wenn wir das nicht gern hören –, dass manche auch nicht mit uns reden *wollen*. Das ist die Realität. Wir müssen uns auf die Bedingungen einstellen, die wir vorfinden. Mir kommt es darauf an, dass Psychiater meine Tochter gut behandeln. Ob sie mit mir reden, ist nicht entscheidend. Wenn ich über meine Ängste und Sorgen sprechen will, dann ist ein Psychotherapeut der richtige Ansprechpartner. Er darf und muss sogar mit mir reden, und er darf diese Gespräche auch abrechnen. Es ist entlastend, wenn wir unsere Einstellung ändern und die Realität akzeptieren, statt unerfüllte Wünsche oder Forderungen im Kopf zu wälzen.

Was tun?

- Akzeptieren Sie, dass die Krankheit zu Ihrem Leben gehört. Je mehr Sie darauf hoffen, dass sie – wie durch ein Wunder – wieder verschwindet, desto größer wird Ihre Enttäuschung sein.
- Trauern Sie nicht verlorenen Lebensträumen nach, sondern erkennen Sie neue Chancen für Ihr Kind und für sich.
- Akzeptieren Sie, dass Ihre Lösung nicht immer die richtige sein muss: Ihr Kind oder der Arzt können auch andere Lösungen sehen.
- Suchen Sie nicht nach perfekten Lösungen, sondern nach dem, was möglich ist.

Loslassen

Nichts erregt bei Eltern mehr Unmut als das Wort »Loslassen«. Zu häufig haben sie die Forderung von Ärzten oder Sozialarbeitern gehört, ihr erkranktes Kind endlich loszulassen. Zu oft fühlten sie sich in einem Moment, in dem sie um Hilfe baten, durch den Satz »Sie müssen sich von Ihrem Kind lösen!« kritisiert und zurückgewiesen. Man kann sich vorstellen, wie dieser Satz auf eine Mutter oder einen Vater wirkt, die in Panik sind, weil sie seit Tagen nicht wissen, wo sich ihr Kind aufhält, weil die Nachbarn angerufen haben oder die Polizei schon mehrfach in der Wohnung des Kindes war. In so einem Moment fühlen sie sich mit ihren Ängsten und Sorgen nicht verstanden und sogar brüskiert. Sie reagieren verletzt, weil sie in dem Appell, »loszulassen« eine Aufforderung sehen, sich nicht mehr um ihr Kind zu kümmern. Eltern finden viele Gründe, warum sie nicht loslassen *können*: Es wäre gefährlich für ihr Kind, es könnte wieder in eine Krise geraten, es könnte unglücklich und einsam sein oder seine Wohnung verlieren, sich gar etwas antun. Es kann nicht allein leben, für sich sorgen, einkaufen, seinen Alltag bewältigen.

Die Aufforderung loszulassen, löst Angst aus. Loslassen ist schwierig, weil es immer bedeutet, etwas Gewohntes und Vertrautes aufzugeben. Eltern haben sich angewöhnt, ihrem Kind alles abzunehmen, es zu beschützen, immer für es ansprechbar zu sein. Sie haben sich dazu entschieden, sich aufzuopfern oder ihr Kind zu kontrollieren. Selbst wenn das nicht immer einfach war, es gehört inzwischen zu ihrem Alltag. Manche glauben, das Schlimmste verhindert zu haben, *weil* sie nicht losgelassen haben.

Vielen Menschen macht Neues Angst: Sie haben das Gefühl, Sicherheit zu verlieren. Bei Eltern psychisch Erkrankter kann diese Angst besonders groß sein, daher halten sie oft an bestimmten Verhaltensweisen fest, obwohl sie darunter leiden. Sie haben ihr Kind verwirrt, schreiend oder angsterfüllt erlebt. Sie standen hilflos daneben, wenn ihr Kind von Polizisten in Handschellen aus der Wohnung gezerrt wurde oder wenn es sich verletzt hatte. Sie mussten ihr Kind weinend hinter der Glastür der geschlossenen Abteilung zurücklassen. Für manche waren das traumatische Erlebnisse, an die sie immer wieder zurückdenken müssen und die sie nie wieder erleben wollen. Ihre Angst, dass genau diese Ereignisse sich wiederholen könnten, hindert sie daran loszulassen. Sie denken, mit Festhalten könnten sie etwas verhindern, aber das ist eine Illusion. Wir wissen nicht, was geschieht, wenn wir loslassen. Aber wir wissen ebenso wenig, was geschieht, wenn wir festhalten.

»Ich bin seit siebzehn Jahren nicht mehr in Urlaub gefahren!«, sagt Bärbel K. Die anderen Eltern nicken mitleidig und verständnisvoll. Bärbel K. und ihr Mann haben dieses Opfer für ihre Tochter gebracht, weil sie überzeugt davon sind, damit Unheil verhindern zu können. Vor einigen Jahren hat die Tochter sich an einer zerbrochenen Fensterscheibe schwer verletzt, die Nachbarn alarmierten die Polizei. Dieses und ähnliche Erlebnisse haben die Eltern dermaßen in Angst versetzt, dass sie seither ihre Tochter engmaschig überwachen. Sich selbst gönnen sie kaum Freizeit. Niemand möchte sein Kind blutend auffinden, aber dauernde Anwesenheit ist auch keine Garantie, dass nichts passiert. Der Tochter sind trotz elterlichem Urlaubsverzicht weitere Krisen und Krankenhausaufenthalte nicht erspart geblieben. Und Bärbel K. selbst leidet seit Jahren unter chronischen Schlafstörungen und Schmerzen.

Manche Eltern sagen, Sie würden gern loslassen, wenn das Kind nicht festhalten würde. Das ist gut möglich: Auch das Kind hat sich daran gewöhnt, stets festgehalten zu werden, nichts allein entscheiden zu müssen. Die Aussicht auf mehr Selbständigkeit kann auch ihm Angst machen. Es kann sein, dass unser Kind uns vorwirft, dass wir es nicht loslassen, und es uns ebenso verübelt, wenn wir versuchen, es loszulassen. Diese Ambivalenz unserer Kinder müssen wir aushalten. Genau deshalb ist es unsere Sache, den ersten Schritt zu tun und loszulassen, selbst wenn unser Kind uns festhält. Loslassen kann auch bedeuten, dass wir anerkennen, in mancher Beziehung einfach ohnmächtig zu sein und dass sich nicht alle Risiken ausschließen lassen.

Unsicherheit ertragen

Loslassen bedeutet nicht, dass ich mich nicht mehr um mein Kind kümmere. Nicht mein Kind, sondern meine übertriebenen Befürchtungen sollte ich loslassen. Loslassen kann bedeuten, dass ich meiner Tochter Verantwortung übertrage, aber nicht, dass ich nichts mehr für sie tun will. Sie wird noch lange mehr Unterstützung benötigen als ihre gesunden Geschwister oder andere junge Menschen. Sie wird immer wieder Bestätigung brauchen, Zuwendung und praktische Hilfe. In Krisenzeiten müssen Eltern auch wieder mehr Verantwortung für ihr Kind übernehmen.

Seit ich aber bestimmte Wünsche und Ängste losgelassen und akzeptiert habe, dass meine Tochter ihre eigenen Entscheidungen trifft, geht es mir besser. Zu meiner Freude habe ich festgestellt, dass sich meine Veränderung auch auf sie positiv ausgewirkt hat: Seitdem ich ihr mehr Verantwortung überlasse, übernimmt sie auch mehr Verantwortung.

Loslassen erfordert von Eltern einen ungeheuren emotionalen Kraftakt. Daher darf dieser Appell, loszulassen, auch nie von außen kommen. Es darf nicht heißen, Sie *müssen* loslassen, sondern Sie *dürfen* loslassen. Loslassen kann auch bedeuten, dass wir unserem Kind sagen, dass es uns heute nicht gut geht und dass wir keine wirkliche Stütze sein können. Vielleicht kann es dann etwas für uns tun und ist selbst einmal in der Rolle des Helfers, statt Hilfe immer nur annehmen zu müssen. Wenn wir helfen wollen, sollten wir nichts für unser Kind tun, was es auch selbst tun könnte, sondern es sollte immer Hilfe zur Selbsthilfe sein. Wenn es einverstanden ist, können wir ihm durchaus Hilfe anbieten und zeigen, wie etwas gemacht wird: Essen kochen, Einkaufen, Anträge ausfüllen, eine Bewerbung schreiben, Anrufe erledigen oder auch mit dem Bus zu einem Termin fahren. Aber es darf bei dieser Hilfe niemals darum gehen, wie wir von den Nachbarn gesehen werden möchten oder dass unsere Sauberkeitsstandards gewahrt werden. Auch wenn wir Angst haben, dass die Medikamente nicht die richtigen sind oder dass unserem Kind in einer eigenen Wohnung etwas passieren könnte: Loslassen bedeutet, dass wir unserem Kind etwas zutrauen, obwohl wir noch nicht wissen, ob es diesem Vertrauen gerecht werden kann. Loslassen bedeutet für Eltern, Unsicherheit auszuhalten.

Um loszulassen, sollten wir uns von dem Gedanken verabschieden, die psychische Krankheit mache unsere Kinder vollkommen hilflos und sie könnten daher niemals vernünftige Entscheidungen treffen. Wir sollten es aufgeben, zu ihrem Besten entscheiden zu wollen und unsere Maßstäbe an Ordnung, Sauberkeit, gesundes Essen anzulegen. Wir sollten nicht die »Betreuer« unserer Kinder sein, sondern ihre »Unterstützer«. Loslassen bedeutet nicht, die Tochter oder den Sohn weniger zu lieben oder sich keine Gedanken darum zu machen, ob es ihnen gut geht. Loslassen heißt für uns vor allem, gedanklich loszulassen, sich davon zu befreien, immer daran zu denken, wie es unserem Kind gerade geht oder ob eine Krise droht. Loslassen heißt, mich nicht zum Sklaven meiner Ängste zu machen, sondern trotz allem mit Zuversicht in die Zukunft zu schauen.

Ich weiß, wie schwierig es ist loszulassen: Wir haben unser Kind in Situationen erlebt, in denen es keine guten Entscheidungen treffen konnte. Eine akute Manie, eine Psychose oder gar Suizidgefahr sind Ausnahmesituationen, in denen wir uns einmischen *müssen*. Aber das Kind ist nicht immer krank und es besteht die Gefahr, dass wir den Zeitpunkt verpassen, ab dem wir wieder loslassen können. Trotz Krankheit ist unser volljähriges Kind ein erwachsener Mensch, der eigene Entscheidungen treffen kann und darf. Wir müssen lernen, mit Unsicherheit umzugehen. Bei einer psychischen Krankheit gibt es keine Sicherheit: Niemand kann uns sagen, welches Medikament, welcher Arzt, welche Therapie oder welche Wohnform unserem Kind mit Sicherheit helfen kann oder vor Schaden bewahrt. Wenn wir das akzeptieren, werden wir besser mit unserer Situation umgehen können. Loslassen kann uns befreien, es gibt uns die Möglichkeit, unsere Situation neu zu bewerten, anstatt uns in einem Kreislauf von Sorgen, Ängsten, und Enttäuschungen zu bewegen.

Loslassen wird auch zu einem besseren Verhältnis mit dem Kind führen, weil es sich weniger von uns bevormundet und entmündigt fühlt. Wir können Vorschläge machen und können ihm durchaus auch sagen, welche Sorgen wir haben. Loslassen bedeutet, dass beide Seiten einen respektvollen und erwachsenen Umgang miteinander pflegen. Statt zu überlegen, wie wir unsere Kinder an etwas hindern, sollten wir überlegen, wobei wir sie unterstützen können. Es wird uns besser gehen, wenn wir nicht unser krankes Kind beherrschen wollen, sondern wenn wir lernen, unsere Gefühle zu beherrschen. Dies kann man nicht erzwingen, sondern wir können nur in einem längeren Prozess lernen, die Angst, die uns daran hindert loszulassen, zu erkennen und uns auf eine neue Situation einzulassen. Für Bärbel K. könnte das bedeuten, zu überlegen, wie sie und ihr Mann ab und zu Ruhe finden, ohne ihre Tochter völlig ohne Hilfe zu lassen. Sie könnten abwechselnd in Urlaub fahren, Freunde, Familienmitglieder oder eine ambulante Betreuung könnten helfen.

Ein besonders erschütterndes Beispiel für die Unfähigkeit loszulassen las ich vor einiger Zeit im *Hamburger Abendblatt*, Überschrift »Mutter tötet ihre behinderte Tochter – aus

Liebe«. Eine 67-jährige Mutter hatte ihre schwer körperlich behinderte Tochter getötet. Sie hatte diese 39 Jahre lang allein gepflegt, jede mögliche Hilfe von außen abgelehnt. Als sie erkannte, dass sie es nicht mehr konnte, brachte sie die Tochter um. Offenbar hatte sie für sich entschieden, dass ihre Tochter ohne sie nicht lebensfähig sei. Das ist ein extremes Beispiel, das ich nicht auf Eltern psychisch Kranker übertragen möchte. Aber es kann zeigen, dass es auch an den Eltern liegt, ob sie ihre kranken Kinder in Abhängigkeit halten oder sie zur Selbständigkeit ermutigen wollen.

Bei mir im Haus wohnt eine junge, schwer körperlich behinderte Frau in einer eigenen Wohnung. Sie hat eine 24-Stunden-Betreuung, und ich begegne ihr oft mit jungen, gut gelaunten Helfern, die ihren Rollstuhl schieben. Ob es ihr mit dieser Selbständigkeit nicht besser geht als unter der alleinigen Obhut ihrer Eltern?

Warum tun sie denn nichts?

Unsere vielen Ermahnungen oder auch der Wunsch, unserem Kind zu sagen, was es zu tun hat – zu seinem Besten – sind oft darin begründet, dass wir glauben, unser Kind selbst tue nichts dafür, dass es ihm besser geht. Ich habe mich anfangs oft gefragt, warum *tut* meine Tochter denn nichts, um aus der Krise herauszukommen? Warum geht sie denn nicht zum Arzt, warum nicht freiwillig ins Krankenhaus? Warum ernährt sie sich nicht gesund, führt regelmäßig ihr Stimmungstagebuch, macht Sport und besucht diese netten Gruppen in der sozialpsychiatrischen Einrichtung, obwohl sie sich darüber beklagt, dass sie keine Freunde habe? Es kann uns helfen, unser Kind anders zu sehen, wenn wir uns klarmachen, dass unsere Kinder bereits sehr viel tun, auch wenn wir das nicht immer erkennen. In einer Depression oder einer Psychose ist es schon ein großer Kraftakt, morgens aufzustehen und sich eine Tasse Kaffee zuzubereiten. Es erfordert eine ungeheure Anstrengung, *irgend*etwas zu tun, Wäsche zu waschen, aus der Wohnung zu gehen, einen Spaziergang zu machen oder Lebensmittel einzukaufen. Wir sehen das nicht, weil wir die bleierne Lähmung nicht nachfühlen können, die einen Menschen in einer Depression ergreift. »Depression ist nicht Traurigkeit«, schreibt die Schriftstellerin Chimamanda Ngozi Adichie, »Depression ist Machtlosigkeit«. Wer depressiv ist, kann etwas tun wollen und es dennoch nicht tun können. Wir können nicht nachempfinden, wie das Durcheinander im Kopf einen akut manischen oder psychotischen Menschen daran hindert, ein Vorhaben auszuführen. Oder wie die ambivalenten oder turbulenten Gefühle bei einer Borderline-Erkrankung nicht zulassen, dass der Betroffene ein bestimmtes Verhalten konsequent vermeidet. Wenn wir verstehen, wie viel Kraft und Selbstüberwindung es kosten kann, trotz der lähmenden Depression morgens aufzustehen, dann können wir uns über kleine Erfolge bei unseren Kindern freuen, statt uns über das zu sorgen, was sie noch nicht getan haben. Eine Psychose kann einen Menschen daran hindern, sich in der äußeren Welt zurechtzufinden, weil er in seiner inneren Welt gefangen ist. Wie soll er sich auf herumliegende Wäsche oder eine ungespülte Kaffeetasse konzentrieren können?

Eine junge Frau mit einer bipolaren Erkrankung erzählt, dass sie in einer Manie der Krankenpflegerin im Krankenhaus ihre Kreditkarte zur Aufbewahrung übergibt. Bei einer Manie kann das Gefühl entstehen, dass man alles beherrscht und dass man keine Grenzen akzeptieren muss. Ich habe großen Respekt vor dieser Frau, denn sie tut etwas, das ein hohes

Maß an Selbstreflexion voraussetzt und viel Disziplin erfordert. Nämlich trotz der Manie zu erkennen und sich einzugestehen, dass sie etwas *nicht* unter Kontrolle hat.

Wenn wir uns als *Betreuer* unseres erkrankten Kindes verstehen, nehmen wir ihm die Kreditkarte heimlich weg, damit es in der Manie keinen Schaden anrichtet. Loslassen bedeutet, dass wir unser Kind dabei *unterstützen*, selbst zu erkennen, wann es seine Kreditkarte freiwillig abgeben sollte.

Was tun?

Es ist nicht einfach, sein Verhalten zu ändern. Wenn wir jahrelang »festgehalten« haben, wird nicht umgehend alles besser, wenn wir loslassen wollen, im Gegenteil, es kann Angst auslösen. Diese Angst wird nicht umgehend verschwinden, wir werden auch rückfällig werden. Aber wir sollten auf diesem Weg bleiben, denn es wird uns besser gehen und auch unserem Kind nützen.

Wenn Sie gedanklich loslassen wollen, dann probieren Sie einmal aus, Ihrer Unruhe *nicht* nachzugeben: Gehen Sie einmal *nicht* ans Telefon, rufen Sie auch nicht selbst an, erfüllen Sie einen Wunsch *nicht*. Fragen Sie *nicht* nach, ob die Tabletten genommen wurden, kommentieren Sie weder das Äußere Ihres Kindes noch seine Angewohnheit, zu viel zu rauchen. Lassen Sie Ihr Kind bestimmte Probleme mit dem Betreuer lösen, selbst wenn Sie sich eine andere Lösung wünschen. Räumen Sie *nicht* in der Wohnung auf und sagen Sie *nichts*, wenn Ihr Kind beschließt, mit einem Freund ein Wochenende wegzufahren, auch wenn Sie befürchten, das ganze Wochenende vor Unruhe nicht schlafen zu können.

Wenn Sie loslassen und Ihrem Kind Hilfe anbieten wollen, ohne seine Selbständigkeit zu behindern, stellen Sie sich diese Fragen:

- **Ist Ihre Hilfe notwendig?** Könnte Ihr Kind das auch selbst tun? Wenn meine Tochter Angst hatte, bei einer bestimmten Stelle anzurufen, war ich schnell dabei, ihr das abzunehmen. Aber damit tat ich ihr keinen Gefallen. Wenn es ein wichtiges Gespräch ist, üben wir das jetzt vorher. Wenn sie unsicher ist, setze ich mich zur Unterstützung neben sie. Aber *sie* ruft an und stellt oft fest, dass es tatsächlich nicht schwierig war.
  Nur wenn Sie nach sorgfältiger Abwägung zu der Überzeugung kommen, dass Ihre Hilfe notwendig ist, dann sollten sie diese auch geben.
- **Ist es die Hilfe, die Ihr Kind möchte?** Wenn Ihr Kind selbständig etwas tut, müssen Sie auch eine Lösung oder ein Ergebnis akzeptieren, das nicht Ihren Vorstellungen entspricht. Gaby R. ist unglücklich, weil ihr Sohn nicht in die Klinik gehen will, die sie für besser hält. Stattdessen könnte sie loslassen und es begrüßen, dass ihr Sohn überhaupt freiwillig ins Krankenhaus geht.
  Was auch immer *wir* für richtig halten, nachhaltige Hilfe ist immer nur die Hilfe, für die sich die Betroffenen selbst entschieden haben.
- **Ist Ihre Hilfe ermutigend?** Wenn Sie helfen, dann soll es Hilfe zur Selbsthilfe sein, d. h. sie muss Ihrem Kind helfen, selbständiger zu werden. Wenn Ihre Hilfe das Signal aussendet, dass Ihr Kind etwas nicht kann, dann ist sie nicht ermutigend.
- **Ist Ihr Helfen gesund?** Sorgen Sie auch für sich selbst? Denken Sie auch daran, was Sie brauchen, was Sie fühlen,

was für Sie gesund ist? Ist es gut für Sie, wenn Ihre Gedanken ständig um Ihr Kind kreisen oder wenn Sie ständig mit Dienstleistungen für Ihr Kind beschäftigt sind?

- **Wirkt Ihre Hilfe?** Hilft das, was Sie für Ihr Kind tun, Ihrem Kind wirklich? Überlegen Sie, wie Ihre Hilfe sich auf Ihr Kind auswirkt. Vielleicht haben Sie unrealistische Erwartungen und sollten akzeptieren, dass das Ergebnis, das Sie sich wünschen, niemals zu erreichen ist.

Kontrolle abgeben

Für die meisten Menschen ist es ein Grundbedürfnis, das eigene Leben weitgehend unter Kontrolle zu haben. Wir wünschen uns Sicherheit und haben Angst vor unvorhersehbaren und unbeeinflussbaren Ereignissen. Deswegen gehen wir sorgsam mit unserem Geld um, versuchen, uns gesund zu ernähren und halten uns an Gesetze, um möglichst viele Risiken auszuschalten. Schwierig wird es aber, wenn wir alle Lebensumstände unter Kontrolle haben wollen, vor allem Bereiche des Lebens, auf die wir keinen oder wenig Einfluss haben. Verkehrsunfälle oder einen Bankencrash können wir ebenso wenig verhindern wie Entlassungen in einem Unternehmen oder auch Krankheiten. Wer ständig Angst vor Gefahren hat, hat oft auch nicht das Selbstvertrauen, mit einer kritischen Situation angemessen umgehen zu können. Viele Eltern psychisch Kranker haben Angst vor Krisen, davor, dass der Sohn seine Tabletten nicht nimmt, dass die Tochter in schlechte Gesellschaft gerät oder sich etwas antut, dass sie einen Anruf von der Polizei erhalten. Um ihre Angst im Zaum zu halten, beginnen sie, ihre Kinder zu kontrollieren. Sie organisieren das Leben ihres Kindes, lassen es bei sich wohnen, entscheiden, welche Medikamente es nimmt oder bestehen darauf, dass es sich mehrfach am Tag telefonisch meldet.

Wolfgang und Sabine H. haben für ihre Tochter ihr Leben umgestellt. Sie arbeiten im Schichtbetrieb, um sich bei der Betreuung abwechseln zu können. Sie wollen ihre 22-jährige Tochter keinen Moment allein lassen. Die Tochter leidet an einer bipolaren Erkrankung und nimmt Drogen, manchmal kommt auch Alkohol dazu. »Ich passe ständig auf sie auf, und ich lasse sie nicht gern allein aus dem Haus gehen, aber in ihren manischen Phasen ist sie kaum zu halten. Dann will sie mit Freunden Party machen. Mein Mann oder ich sitzen zu Hause und warten auf sie, egal, wie lange es dauert. Sobald ich die Tür höre, bin ich bei ihr und gucke alles durch, damit sie keine Drogen mit ins Haus bringt. Manchmal schafft sie es trotzdem, sie ist ja so clever. Oben muss sie die Tür offen lassen. Ich schleiche immer wieder die Treppe hoch und horche, was sie tut. Wenn sie weg ist, durchsuche ich ihr Zimmer, ob sie etwas gebunkert hat. Unser Leben dreht sich nur darum, eine Krise zu verhindern. Trotzdem kommt sie immer wieder an Stoff. Vor ein paar Wochen lag sie zugedröhnt in unserem Wohnzimmer. Wir waren nach Jahren zum ersten Mal allein an unserem Hochzeitstag essen gegangen. Das machen wir nie wieder. Mein Mann und ich können einfach nicht mehr, aber es gibt keine Lösung.« Ins Krankenhaus will die Tochter nicht; in eine passende Einrichtung in der Nähe kann sie nur, wenn sie clean ist. Die Eltern wollen sie nicht in eine Einrichtung geben, die zu weit entfernt liegt, außerdem würde die Tochter auch nicht einwilligen. Die Angst von Wolfgang und Sabine H. ist nachvollziehbar, auch die Defizite des sozialpsychiatrischen Systems werden in diesem Fall besonders deutlich. Aber helfen die Eltern ihrer Tochter durch ihre Überwachung? Kann sie auf diese Weise lernen, mit ihrer Krankheit umzugehen und ihre Sucht loszuwerden? Hinter dem Bedürfnis nach Kontrolle stehen Angst und Hilflosigkeit, aber auch die Überzeugung, dass ihre Tochter nicht selbstverantwortlich handeln kann.

Es gibt Situationen, in denen unser Wunsch, etwas unter Kontrolle zu haben, durchaus sinnvoll ist: Eltern können an Arztbesuche erinnern oder darauf achten, dass eine Wohnung bewohnbar bleibt. Geben unsere Kinder ihr Geld unkontrolliert aus, so dass Miete und Strom nicht bezahlt werden, dann kann eine rechtliche Betreuung eine sinnvolle Schutzmaßnahme sein. Aber wir müssen erkennen, wann Kontrolle sinnvoll ist und wann nicht. Können Eltern ihr Kind dauerhaft vor Drogen, Alkohol oder auch falschen Freunden bewahren? Wenn wir etwas kontrollieren wollen, was sich nicht kontrollieren lässt, dann hat das seinen Preis: Mit unserer Angst halten wir uns selbst in Atem, gerade weil wir realisieren, dass unsere Kontrollmechanismen nicht funktionieren. Wer alle Gefahren für sein Kind ausschalten will, gerät in Dauerstress. Kontrolle verlangt permanente Wachsamkeit und fortgesetzte Beschäftigung mit dem erkrankten Kind. Viele Eltern werden dabei zu Risikoexperten. Sie müssen ständig nach möglichen Gefahren Ausschau halten, um Risiken frühzeitig erkennen und Gegenmaßnahmen ergreifen zu können. Diese Kontrolle führt bestenfalls zu einer *gefühlten* Sicherheit, aber die damit verbundenen Anstrengungen können das Leben der Eltern erheblich beeinträchtigen. Sie verlieren ihre Freiheit, innere Ruhe und Lebensfreude und machen sich am Ende zu Sklaven ihrer Angst. Wird die Krise nicht verhindert, machen sie sich Vorwürfe, weil sie zu wenig oder nicht richtig kontrolliert haben. Es kann sogar dazu kommen, dass sie wütend auf ihr Kind werden, weil es sie dazu »zwingt«, es zu kontrollieren. Aber das ist ein Trugschluss: Nicht das Kind hat sie dazu gezwungen, sein Leben zu kontrollieren, sie selbst haben es entschieden. Sie tun es auch nicht nur für ihr Kind; sie üben Kontrolle aus, weil sie keine Unsicherheit ertragen können.

Wer sein Kind 24 Stunden am Tag kontrolliert, wird letztlich von ihm kontrolliert. Unsere Gedanken sind stets auf das Kind gerichtet, und wir vernachlässigen dabei unsere eigenen Bedürfnisse. Weil uns Angst und Sorge nicht loslassen, können unsere Kinder uns manipulieren: Die Tochter nimmt sofort Drogen, als ihre Eltern sich nach Jahren erlauben, ihren Hochzeitstag zu feiern. Kaum hatte ich, ebenfalls zum ersten Mal nach Jahren, eine Reise nach Frankreich geplant, musste meine Tochter zwangseingewiesen werden. Eltern, die sich über einen langen Zeitraum intensiv um ihr Kind kümmern, erleben, dass in der einen Woche, in der sie die Kontrolle lockern, ein Drama geschieht. Wenn wir zulassen, dass unsere Angst uns beherrscht und wir durch Kontrolle alle Risiken ausschalten wollen, dann haben unsere Kinder uns im Griff. Mit ihrer Aktion hat die Tochter von Wolfgang und Sabine H. ihre Eltern gezwungen, sich wieder ausschließlich auf sie zu konzentrieren. Wer kontrolliert hier wen?

Mir haben Eltern gesagt, dass sie ihrem Kind alles abnehmen und Kontrolle ausüben müssen, weil ihr Kind es nicht *kann*. Dieses Verhalten ist auch bei Menschen zu beobachten, die in einer Partnerschaft mit einem alkoholkranken Menschen leben. Oft wird von Co-Abhängigkeit gesprochen: Der Nicht-Abhängige will den Alkoholabhängigen vor den Folgen seiner Sucht bewahren, er übernimmt die Kontrolle über den Suchtmittelkonsum, nimmt dem Abhängigen nach und nach alle persönlichen Verantwortlichkeiten ab und versucht ihn zu retten, indem er ihn übermäßig beschützt. Ich halte wenig von der Übertragung des Konzepts der Co-Abhängigkeit auf unsere Situation. Zunächst einmal ist unser Kind nicht abhängig: Eine bipolare Erkrankung, eine Psychose oder eine Depression sind keine Suchtkrankheiten. Wenn unser Kind nicht »abhängig« ist, dann können wir auch keine Co-Abhängigen sein. Unser Kind kann nicht »clean« werden, sich nicht dafür entscheiden, die psychische Krankheit zu beenden. Mit dem Begriff der Co-Abhängigkeit werden Eltern wieder einmal beschuldigt. Ich halte es für normal, wenn Eltern versuchen, alles für ihr krankes Kind zu tun. Dass wir nicht immer das Richtige tun, liegt an der Angst vor Krisen und auch daran, dass uns niemand zeigt, welches Verhalten richtig wäre. Lassen Sie sich also nicht einreden, Sie seien co-abhängig. Dennoch können wir von diesem Konzept etwas lernen: Wenn wir glauben, unser Kind könne nichts, helfen wir ihm nicht. Wenn wir es beschützen und ihm jede Verantwortung abnehmen, kann es sich nicht erproben und weiterentwickeln. Manche der Erkrankten sind durch ihre Krankheit sehr stark eingeschränkt, aber auch bei ihnen sollten wir, soweit irgend möglich, Selbständigkeit fördern. Woher wollen wir wissen, was jemand kann, wenn er es nie erproben konnte?

Außerdem können auch die vermeintlich Schwachen Kontrolle ausüben. Wenn jemand sagt »Ich kann das nicht«, zwingt er uns dazu, etwas für ihn zu tun. Mit diesem Satz kann er uns kontrollieren. Manche Eltern wollen die Kinder nicht allein wohnen lassen, aber in vielen Fällen wollen auch die Kinder diesen Schonraum nicht verlassen. Sätze wie »Ich weiß gar nicht, wie ich eine Wohnung finden soll« oder »Ich kann nicht alleine leben, das macht mir Angst«

halten uns fest. Es kann zwischen Eltern und Kindern zu einem Spiel um Macht und Kontrolle kommen. Wer eine Krise inszeniert, sobald die Eltern etwas für sich selbst tun, hat Kontrolle über sie.

Kontrolle verhindert Weiterentwicklung

Petra F. hat ihren Traumjob als Lehrerin aufgegeben. Sie wollte sich ausschließlich um ihren Sohn kümmern, nachdem bei ihm kurz vor dem Abitur Schizophrenie diagnostiziert worden war. Der inzwischen 31-Jährige wohnt nach wie vor bei ihr. Petra F. hat auch die rechtliche Betreuung ihres Sohnes übernommen, sie will alles in der Hand behalten. So, glaubt sie, kann sie ihrem Sohn am besten helfen. Sie geht mit ihm zum Psychiater, teilt ihm die Medikamente zu. Sie erhöht die Dosis, wenn er zu aufgeregt wird. Sie chauffiert ihren Sohn zu Terminen und wartet dort, um ihn wieder abzuholen. Die betreuten Wohngemeinschaften, die sie und ihr Mann besichtigt haben, entsprachen nicht ihren Vorstellungen. Der Sohn zeigt wenig Eigeninitiative, sitzt viel vor dem Fernseher, geht kaum aus dem Haus. Petra F. und ihr Mann machen sich Sorgen, was werden wird, wenn sie nicht mehr leben und haben nun begonnen, mit ihm einkaufen zu üben. Wenn ich Petra F. zuhöre, frage ich mich, warum der Sohn 31 Jahre alt werden musste, ehe sie angefangen haben, mit ihm Alltagsfertigkeiten zu üben.

Petra F.s Kontrolle oder Rundumfürsorge geschieht mit den besten Absichten. Ihr Sohn *kann* einfach nicht allein leben, glaubt sie. Sie und ihr Mann sehen aber nicht, dass sie es ihrem Sohn auf diese Weise unmöglich machen herauszufinden, was er trotz seiner Erkrankung kann. Beide sind davon überzeugt, ihr Sohn sei unfähig, allein oder in einer betreuten Wohngemeinschaft zu leben. Sie glauben, er könne nicht einkaufen, kochen oder seine Medikamente zum richtigen Zeitpunkt nehmen. Sie können es aber gar nicht wissen, weil ihr Sohn nie etwas ausprobieren durfte. Aber selbst, wenn er tatsächlich vieles davon nicht kann, wäre es besser für ihn, nicht sein Leben lang eng an seine Eltern angebunden zu bleiben, sondern ein kleines Stück Autonomie in einem betreuten Umfeld zu finden. Der Wunsch, Risiken auszuschließen, kann dazu führen, dass wir unseren Kindern keinen Raum geben, etwas auszuprobieren und zu lernen. Petra F. glaubt, ihr Sohn sei hilflos, aber es kann sich auch um eine erlernte Hilflosigkeit handeln. Ihr Sohn muss nichts allein organisieren, darf keine Verantwortung für seine Medikamenteneinnahme übernehmen. Durch die Übernahme der rechtlichen Betreuung hat Petra F. vollkommene Kontrolle über ihren Sohn. Dadurch kann er auch keine Erfahrung mit anderen Menschen machen.

Manchmal ist es sinnvoll, dass Eltern die rechtliche Betreuung ihres Kindes selbst übernehmen. Aber sie sollten sich bewusst sein, dass das riskant ist: Diese Kinder bleiben – oft auch als Erwachsene – zu sehr von ihren Eltern abhängig. Auch wenn es uns Angst macht, sollten wir unseren Kindern doch die Chance geben, sich auszuprobieren und etwas zu lernen. Aber das ist nicht möglich, wenn die Kontrolle durch die Mutter ihrem Sohn täglich beweist, dass er diese Kontrolle braucht. Eine früh einsetzende psychische Krankheit kann das Erwachsenwerden eines Menschen verzögern. Oft bleiben Kinder durch die Krankheit länger abhängig von den Eltern, als das bei einem normalen Eltern-Kind-Verhältnis üblich wäre. Um gegenzusteuern, haben wir Eltern die Verantwortung dafür, unseren Sohn oder unsere Tochter zu ermutigen, sich abzulösen und unabhängiger zu werden, um mehr Autonomie zu erlangen.

Wenn wir dem Recovery-Ansatz folgen, dann können die Betroffenen durchaus daran arbeiten, Verantwortung für sich selbst zu übernehmen und sich ein Leben nach ihren Vorstellungen zu erkämpfen. Dazu brauchen sie aber Eltern, die keine Angst haben, ihr Kind loszulassen und Kontrolle aufzugeben. Sie brauchen Eltern, die Vertrauen haben. Vertrauen bedeutet, auch dann an einen Menschen zu glauben, wenn ich nicht genau weiß, ob er mein Vertrauen rechtfertigen kann und wird. Wenn ich weiß, dass jemand etwas kann, braucht er mein Vertrauen nicht.

Es erfordert Mut, Kontrolle aufzugeben, aber wir gewinnen auch etwas: innere Freiheit und mehr Lebensfreude für uns, mehr Selbständigkeit und Selbstvertrauen für unsere Kinder. Sie müssen nicht von einem Moment auf den anderen jede Kontrolle aufgeben. Das macht Angst und überfordert auch Ihr Kind. Beginnen Sie mit kleinen Schritten und beobachten Sie, was passiert. Bleiben Sie geduldig. Wenn etwas nicht gleich klappt, ist das normal. Ihr Kind muss eine Weile üben, wenn ihm bisher alles abgenommen wurde. Nur so können Sie und Ihr Kind herausfinden, was es sich zutrauen kann. Selbständigkeit ist mit Risiken verbunden: Unsicherheit, mögliche Fehlschläge, Rückfälle. Auch gesunde Menschen machen Fehler, treffen Entscheidungen, die sich später als falsch herausstellen. Aber nur daraus können wir lernen.

Sie sollten auch akzeptieren, dass Ihr Kind Dinge auf eine andere Art und Weise erledigt, als Sie das für richtig halten, und dass Ihr Kind andere Vorstellungen von Ordnung, gesundem Essen oder der passenden Bekleidung hat. Wenn Eltern Kontrolle aufgeben, sind Kinder plötzlich auf sich selbst angewiesen. Es gibt Betroffene, die das freuen wird und andere, denen es Angst macht. Rechnen Sie mit Gegenwehr. Es kann zu kleineren Krisen kommen, die es dringend erforderlich machen, dass Sie wieder eingreifen. Widerstehen Sie dem Bedürfnis, die Dinge umgehend wieder selbst in die Hand zu nehmen. Veränderung kann Angst machen: Wenn eine Seite ihr Verhalten ändert, versucht die andere Seite häufig, das zu verhindern. Es geht jedoch nicht nur um ein verändertes Verhalten, es geht auch um eine neue Gestaltung Ihrer Beziehung zueinander. Wenn Sie loslassen und weniger Kontrolle ausüben, kann das von Ihrem Kind auch als Liebesentzug interpretiert werden. Es fürchtet um seine Sonderstellung bei Ihnen und wird daher Maßnahmen ergreifen, die Ihre Rundumbetreuung wieder erforderlich macht. Aber lassen Sie sich davon nicht beirren, es wird eine Weile brauchen, bis sich diese neue Beziehung gefestigt hat.

Was tun?

Setzen Sie sich mit Ihren Ängsten auseinander: Statt unser Kind zu beherrschen, sollten wir unsere eigenen Ängste beherrschen. Kontrollieren Sie Ihr Kind nicht, sondern fördern Sie seine Selbstkontrolle. Fragen Sie sich, in welchem Bereich es wirklich Unterstützung braucht und wann es eher Ihr Bedürfnis ist, Risiken zu vermeiden:

- **Können Sie durch Kontrolle Krisen verhindern?** Wie lange können Sie Ihr Kontrollsystem noch aufrechterhalten?
- **Woher wissen Sie,** ob Ihr Kind etwas kann oder nicht?
- **Wie fühlt sich Ihr Kind,** wenn es ständig kontrolliert wird?

- **Suchen Sie sich Hilfe von außen.** Es ist besser, wenn sie nicht immer von Ihnen kommt. Freunde, Verwandte, Therapeuten, eine ambulante Betreuung können Ihr Kind unterstützen. Es braucht ein soziales Unterstützungsnetzwerk, das aufgebaut werden muss, bevor Sie zu alt oder nicht mehr da sind.
- **Beherrschen Sie Ihre angstmachenden Gedanken:** Denken Sie an die Situation heute und nicht daran, was morgen geschehen könnte.
- **Was befürchten Sie,** wenn Sie Kontrolle aufgeben? Wenn Ihre Angst zu groß ist, suchen Sie sich Hilfe durch einen Therapeuten.
- **Seien Sie milde mit sich,** wenn Sie doch wieder in Ihr Kontrollverhalten zurückfallen. Veränderung braucht Zeit.

Grenzen setzen

Vielen Menschen fällt es schwer, Grenzen zu setzen. Sie ignorieren ihre eigenen Grenzen und lassen es zu, dass ihre Bedürfnisse nicht berücksichtigt werden. Persönliche Grenzen schützen uns und geben uns Orientierung. Jeder Mensch braucht einen Schutzraum innerhalb seiner persönlichen Grenzen, muss aber gleichzeitig auch lernen, den Schutzraum und die Grenzen anderer Menschen zu respektieren. Das setzt voraus, dass er seine persönlichen Grenzen kennt. Oft merken wir körperlich, dass unsere Grenzen überschritten wurden: Wir haben ein ungutes Gefühl, unser Herz rast oder der Atem stockt. Für mich sind laute, aggressive Auseinandersetzungen schwierig. Ich brauche viel Zeit für mich und empfinde es als Grenzüberschreitung, wenn ich anderen

Menschen unentwegt zur Verfügung stehen muss. Für eine andere Mutter kann Unhöflichkeit eine Grenze sein, ein Vater möchte nicht für ständige Hilfstätigkeiten oder als Zahlmeister ausgenutzt werden.

Sie spüren Ihre Grenzen, wenn Sie sich über jemanden ärgern, weil er etwas von Ihnen fordert, das Sie nicht erfüllen wollen. War es in dem Moment, als Ihr Sohn schon wieder Geld haben wollte? Als Ihre Tochter sich weigerte, Medikamente zu nehmen und ins Krankenhaus zu gehen, obwohl ihr zerstörerisches Verhalten zuhause nicht mehr auszuhalten war? Wenn Ihr Kind ständig und bis in die späten Abendstunden anruft, obwohl Sie auch Zeit für sich brauchen?

Bei der 17-jährigen Tochter von Helga S. wurde eine psychische Störung diagnostiziert. Seit einem Jahr geht sie nicht mehr zur Schule, hat Angst, verlässt die elterliche Wohnung nicht mehr. Zehn Tage war sie im Krankenhaus, hat aber dermaßen geklagt und geweint, dass Helga S. sie gegen den Rat der Ärzte wieder mit nachhause genommen hat. Dort verhält sie sich schwierig und nimmt keine Rücksicht auf die Eltern und die kleine Schwester. Um das Familienchaos in den Griff zu bekommen, hat Helga S. ihren Beruf, den sie liebte, aufgegeben. Die Eltern streiten sich, der Vater, der die Familie allein unterhalten muss, ist dafür, die Tochter wieder ins Krankenhaus zu bringen. Aber die Tochter will nicht, fängt an zu schreien, sobald das Thema angesprochen wird. Auch bei Versuchen der Mutter, sie zu einem Arztbesuch oder einem Spaziergang zu bewegen, schreit sie so lange im Hausflur, bis die Nachbarn kommen und die Mutter ihr Vorhaben wieder aufgibt. Was immer Freunde Helga S. raten, sie lehnt es ab. Auf Vorschläge, in eine betreute Wohngemeinschaft für Jugendliche zu ziehen, reagiert die Tochter ebenfalls mit Geschrei. Helga S. ist am Ende. Sie erzählt schluchzend, dass ihr Mann jetzt auszieht, weil er es nicht mehr aushält. Die Empfehlung von Freunden, ihre minderjährige Tochter auch gegen deren Willen ins Krankenhaus oder eine betreute Wohngemeinschaft zu bringen, wehrt sie empört ab: »Das könnte ich meiner Tochter nie antun!« Helga S. setzt ihrer Tochter keine Grenzen. Sie *kann* es nicht, sagt sie, meint aber, sie *will* es nicht. Ihre Entscheidung, *nichts* zu tun, hat jedoch Konsequenzen: Die jüngere Tochter muss täglich die Auseinandersetzungen zwischen den Eltern und die Konflikte mit ihrer Schwester aushalten; sie weint inzwischen viel und zieht sich in der Schule und zu Hause zurück. Der Ehemann muss als Alleinverdiener die Familie erhalten, kann aber keine Nacht mehr durchschlafen, obwohl er einen anstrengenden Beruf hat. Die erkrankte Tochter erhält weder ärztliche Behandlung noch eine Schulausbildung. Helga S. leidet darunter, nicht mehr berufstätig zu sein und verliert ihren Mann.

Helga S. will eine gute Mutter sein, scheut aber Konflikte und hat Angst vor Liebesentzug durch die Tochter. Manche Menschen setzen keine Grenzen, weil sie Angst vor Zurückweisung haben oder die Erwartungen anderer nicht enttäuschen wollen. Männer setzen vielleicht keine Grenzen, weil sie glauben, dass sie alles schaffen müssen. Frauen setzen keine Grenzen, weil sie geliebt werden wollen. Daher sagen sie oft »Ja«, wenn sie »Nein« sagen wollen, ertragen Verhaltensweisen, die sie nicht ertragen wollen. Sie akzeptieren Situationen, in denen sie sich über Mann oder Kinder ärgern, aber auch über sich selbst, weil sie es – wieder einmal – nicht geschafft haben, »Nein« zu sagen.

Frauen tun sich besonders schwer damit, »Nein« zu sagen. Unsere Erziehung sagt uns, dass wir »nett« sein müssen, wenn wir sympathisch gefunden werden wollen. Frauen, die konsequent ihre Grenzen verteidigen, gelten schnell als hart und unweiblich. Es ist besonders schwierig, seine Grenzen gegenüber Menschen zu verteidigen, die wir lieben. Dem eigenen Lebenspartner »Nein« zu sagen, den Kindern Wünsche abzuschlagen, fällt schwer, weil wir uns ihre Zuneigung erhalten wollen. Noch schwerer ist es, einem kranken und scheinbar hilflosen Kind etwas abzuschlagen oder etwas von ihm zu fordern. Wir wollen auch nicht für egoistisch gehalten werden. Egoistische Eltern sind nicht liebenswert. Aber egoistische Mütter? Das darf nicht sein. Mit dem Egoismusvorwurf werden wir gern von denjenigen belegt, die davon profitieren, dass wir nicht »Nein« sagen. Aber wenn es egoistisch sein soll, die eigenen Grenzen zu verteidigen, dann sind Menschen, die Grenzen nicht respektieren, ebenfalls egoistisch.

Grenzen setzen erfordert Konfliktbereitschaft

Josef P. und seine Frau haben in ihrem Haus eine Wohnung für ihren inzwischen 50-jährigen, psychisch kranken Sohn ausgebaut. Es sollte eine gute Lösung sein, hat sich für die Eltern aber keineswegs als solche erwiesen. »Jeden Tag schläft mein Sohn bis 12 Uhr, dann kommt er zu uns und isst das Mittagessen, das meine Frau gekocht hat«, sagt Josef P. »Dann setzt er sich in unser Wohnzimmer und guckt fern. Da bleibt er dann bis abends gegen 11. Danach geht er zum Schlafen wieder in seine Wohnung. Wir müssen immer das Programm mitgucken, das er aussucht, sonst kriegt er schlechte Laune. Meine Frau und ich sind ganz verzweifelt, wir würden so gern mal allein sein oder etwas unternehmen.«

Warum sind die Eltern nicht in der Lage, dem Sohn zu sagen, was ihre eigenen Bedürfnisse sind? Wie so viele Eltern wollten beide anfangs alles für ihren psychisch erkrankten Sohn tun, sie wollten ihn unterstützen und schützen. Oft schleifen sich in der Anfangszeit der Erkrankung Verhaltensweisen ein, die wir später nicht mehr hinterfragen. Man verpasst so den Moment, von dem an das Kind viel wieder selbst tun kann. Eltern sind unsicher, was passiert, wenn sie ihr Verhalten plötzlich ändern. Wie wird das Kind reagieren? Könnte es wieder zu einer Krise führen?

Wenn wir glauben, dass die psychische Störung unser Kind dauerhaft unfähig macht, seine Verhaltensweisen zu steuern und die Konsequenzen seines Handelns zu tragen, dürfen wir ihm natürlich nichts abverlangen. Mit diesen Gedanken im Hinterkopf verbietet es sich, seinem Kind »normal« zu begegnen. Wir müssen hinnehmen, was uns stört, müssen Forderungen erfüllen, die wir nicht erfüllen wollen und dürfen uns bei aggressiven Äußerungen nicht deutlich abgrenzen. Aber wenn wir über einen langen Zeitraum zulassen, dass unsere Grenzen überschritten und unsere Bedürfnisse vernachlässigt werden, kann das auch bei uns zu körperlichen und psychischen Krankheiten führen.

Ich selbst habe jahrelang jede Forderung erfüllt und jedes Verhalten ertragen, weil ich glaubte, das meiner kranken Tochter schuldig zu sein. Helga S. kann ihrer Tochter keine weiteren Krankenhausaufenthalte zumuten, weil diese doch so viel Angst davor hat. Josef P. und seine Frau wollten ihrem kranken Sohn Arbeit abnehmen und ihm ein schönes Heim bieten und ertragen nun, dass er ihren Alltag im eigenen Haus bestimmt. Wir wissen nicht, was wir unseren Kindern zumuten oder auch zutrauen können. Wir glauben, es sei unfreundlich oder gar lieblos, wenn wir auch einmal an uns selbst denken. Vor allem aber scheuen wir die Reaktionen unserer Kinder. Grenzen ziehen erfordert Konfliktbereitschaft. Ich hatte Angst vor der Reaktion meiner Tochter, ich hatte Angst, es mir mit den Ärzten zu verscherzen. Helga S. hat Angst vor dem Geschrei ihrer Tochter, Angst vor dem, was die Nachbarn denken. Die Tochter will nicht ausziehen, und mit ihrer heftigen Gegenwehr setzt sie sich durch. Josef P. und seine Frau wagen nicht einmal, das Fernsehprogramm auszusuchen, weil sie die schlechte Laune ihres Sohnes fürchten. Ein anderer Sohn droht damit, den Kontakt zu seinen Eltern abzubrechen, wenn sie sich seinen Wünschen nicht fügen. Die Ängste vor solchen Konflikten müssen wir überwinden, wenn wir unsere Grenzen schützen wollen.

Eine psychische Krankheit ist keine Entschuldigung für schlechtes Benehmen!

Rechnen Sie damit, dass es zu Konflikten kommt, wenn Sie beginnen, Grenzen zu setzen. Ihre Tochter oder Ihr Sohn sind an ein bestimmtes Verhalten gewöhnt, sie wollen keine Veränderung: weil es vertraut, bequem oder angenehm ist. Sie werden vielleicht laut, knallen mit Türen, drohen mit Liebesentzug, beschuldigen uns, rücksichtslos zu sein und ihre Krankheit überhaupt erst verschuldet zu haben.

Es wird Ihnen helfen, wenn Sie eine klare innere Haltung entwickeln: Wenn Sie Grenzen setzen, wollen Sie Ihrem Kind nicht schaden, sondern dafür sorgen, dass Sie selbst stabil genug bleiben, um es weiter unterstützen zu können. Dazu müssen Sie ihm klar sagen, was sie stört, welche Situation Sie ändern wollen und welches Verhalten Sie sich stattdessen wünschen. Wenn es bestimmte Dinge noch oder gar nicht erfüllen kann, dann gibt es immer Kompromisse, auf die man sich einigen kann. Machen Sie deutlich, wie Sie sich verhalten werden, wenn Ihre Bedürfnisse nicht respektiert werden. Sagen Sie, was Sie tun werden, wenn Ihre Tochter nicht innerhalb eines halben Jahres eine eigene Wohnung gefunden hat. Bitten Sie Ihren Sohn, nicht jeden Tag, sondern dreimal die Woche zum Mittagessen zu kommen, danach aber wieder in die eigene Wohnung zu gehen. Zweimal pro Woche kann er zum Fernsehen kommen, und es wird ein Film ausgesucht, den alle gern sehen wollen.

Nach Jahren wagte ich es, meiner Tochter zu sagen, dass ich sie nicht mit dem Auto abholen würde, wenn sie zu mir zum Abendessen kommen wollte. Deutlich schlechter Stimmung erklärte sie, dass sie dann eben nicht käme und knallte den Hörer auf. Aber als es mir gelang, konsequent zu bleiben, hat sich das nach einigen Wochen eingerenkt: Meine Tochter kommt nun ohne Weiteres mit der U-Bahn zu unseren gemeinsamen Abendessen.

Es gibt auch Eltern, die von Anfang an konsequent und souverän ihre Grenzen verteidigt haben, ohne ihr Kind zu vernachlässigen. Konrad S. hat nicht einen Moment aufgehört, mit seinen Freunden Klarinette zu spielen. Er hat sich mit der Krankheit seiner Tochter auseinandergesetzt, sich aber nicht emotional von ihr umwerfen lassen. Heute wohnt die Tochter in einer betreuten Wohnung und er hat regelmäßig Kontakt zu ihr. Zweimal die Woche geht er mit ihr essen, jeden Morgen telefonieren sie ein paar Minuten miteinander. Auf diese Weise ist er für seine Tochter eine stabile Größe, sie kann sich auf ihn verlassen und weiß, was sie erwarten kann. Konrad S. ist konsequent und liebevoll zu seiner Tochter, aber er ist auch gut zu sich. Dadurch ist er nicht in der gleichen Weise belastet wie so viele andere Eltern. Er kann Grenzen setzen und sie konsequent verteidigen.

Wer seine Grenzen nicht zu schützen weiß, ist nach Jahren der Aufregung, Hoffnung und Enttäuschungen emotional dermaßen mürbe, dass es für ihn schwer ist, seinem Kind plötzlich etwas entgegenzusetzen. Trotzdem können und sollten wir es in kleinen Schritten versuchen. Es ist auch für die erkrankten Kinder wichtig, dass Eltern ihre Grenzen schützen, sich Ruhe, Urlaub und ein Privatleben gönnen. Wir müssen stark sein, um der Aufregung unseres Kindes etwas entgegensetzen zu können. Wenn wir unser Kind dabei unterstützen wollen, trotz Krankheit ein möglichst selbständiges Leben zu führen, dann muss es lernen, die Grenzen anderer zu respektieren. Eine psychische Krankheit ist keine Entschuldigung für schlechtes Benehmen. Wir müssen unerträgliches Verhalten nicht ertragen, wir dürfen es unseren Kindern nur nicht verübeln. Wenn uns die Forderungen oder Vorwürfe unserer Kinder verletzen, sollten wir uns vor Augen halten, dass diese oft aus einem Affekt heraus handeln. Die Tochter, die ihre Mutter beschimpft, fühlt sich gerade schlecht und muss das an jemandem auslassen. Der Sohn, der seine Mutter auffordert, ihre Eigentumswohnung zu verkaufen, weil er Geld braucht, stellt diese Forderung nicht nach gründlichem Nachdenken, sondern aus einer plötzlichen Eingebung heraus. Wen könnte man besser mit Vorwürfen und Forderungen überfallen als diejenigen, die das Kind trotz allem weiter begleiten und lieben werden?

Überzogene Forderungen und schnelle Reizbarkeit können Symptome der psychischen Krankheit sein. Unsere Kinder sind keinesfalls böse oder rücksichtslos, wenn sie auf diese Weise versuchen, sich durchzusetzen. Oft erschwert es ihnen ihre Krankheit, Rücksicht auf andere zu nehmen oder ihre Bedürfnisse zu kontrollieren; sie haben eine äußerst niedrige Frustrationstoleranz: Wie kleine Kinder wollen sie etwas, und zwar gleich! Sie können nicht warten und werden ärgerlich, wenn sie es nicht sofort bekommen. Das Gleiche gilt, wenn sie etwas nicht wollen: Sie werden wütend oder ziehen sich zurück, wenn man sie dazu bringen will. Wir müssen das nicht alles aushalten, sondern können deutlich sagen, wo unsere Grenze ist.

Wichtig ist dabei, dass wir dies ruhig und freundlich tun und uns nicht in die Aufgeregtheit des Kindes hineinziehen lassen. Nach der Methode der gewaltfreien Kommunikation von Marshall B. Rosenberg sollten wir stets Person und Verhalten trennen: Die Person, die mich verletzt, ist weder böse noch schlecht, mich stört nur ihr Verhalten. Lösen Sie sich von der Annahme, Ihr psychisch krankes Kind könne keine Grenzen aushalten. Sie befürchten, ihm keine normalen Reaktionen zumuten zu können, aber Sie haben keinen Beweis dafür.

Grenzen zu setzen bedeutet keinesfalls, dass wir nie wieder etwas für unsere Kinder tun wollen. Es bedeutet, dass wir dann etwas für einen anderen Menschen tun, wenn es unbedingt erforderlich ist oder wenn wir das wollen und nicht, weil wir unter Druck gesetzt werden oder Angst haben. Wenn Sie Ihre Grenzen beachten, wollen Sie nicht anderen Menschen schaden, sondern Schaden von sich selbst fernhalten. Unsere psychisch erkrankten Kinder brauchen mehr Unterstützung und Zuwendung als gesunde, aber das muss nicht dauerhaft zu unseren Lasten gehen. Es ist auch nicht egoistisch, wenn Sie an Ihre eigene Gesundheit denken. Sie müssen es sogar tun, wenn Sie Ihrem Kind Stärke und Halt geben wollen. Erinnern Sie sich, dass wir von Flugbegleitern aufgefordert werden, im Notfall erst uns selbst die Sauerstoffmaske aufzusetzen, weil wir den Schwächeren neben uns nicht helfen können, wenn wir ohnmächtig werden.

Wenn wir jahrelang alles mitgemacht und uns aufgeopfert haben, können sich Resignation und Wut entwickeln, weil alle Anstrengungen nichts genützt haben: Die Krankheit ist nicht besiegt, es kommt immer wieder zu Krisen. Aber diese Sicht ist nicht richtig. Die Anstrengungen konnten gar nicht zum Ziel führen, weil weder das richtige Ziel noch die passenden Mittel gewählt wurden. Gesundheit kann nicht das Ziel sein, ebenso wenig, wie darauf zu hoffen, dass die Krankheit einfach verschwindet. Die von uns gewählten Mittel, sich aufzuopfern, zu kontrollieren und keine Grenzen zu setzen, waren nicht hilfreich. Wenn wir unrealistische Ziele setzen, müssen wir mit Misserfolg rechnen. Dagegen könnte ein realistisches Ziel das sein, was unser Kind kurz-, mittel- und langfristig an Selbständigkeit erreichen möchte. Und ein realistisches *Mittel* könnte es sein, es bei diesem Ziel in einer mit ihm abgesprochenen Weise zu unterstützen. Selbständigkeit kann für jeden anders aussehen. Es kann bedeuten, in den Beruf zurückzukehren oder eine neue Aufgabe im ersten oder dem geschützten Arbeitsmarkt zu finden. Es kann bedeuten, in einer eigenen Wohnung zu leben und sich eigenständig zu versorgen, es kann Hilfe durch eine ambulante Betreuung sein. Es kann eine glückliche Partnerschaft oder eine neu entwickelte gute Beziehung zu eigenen Kindern sein. Aber auch ein Leben in einer betreuten Wohngemeinschaft oder einem Heim kann ein Stück Selbständigkeit bedeuten: Die Übernahme kleiner Pflichten, die Teilnahme an gemeinsamen Aktivitäten, der Austausch mit anderen Heimbewohnern. Das klingt vielleicht nicht nach viel Selbständigkeit, aber ich denke, dass es ein eigenständigeres Leben ist als die Rundumbetreuung in der Wohnung der Eltern. Vermutlich wird es auch immer wieder Krisen geben, in denen wir mehr für unser Kind tun müssen, aber sie gehen vorbei.

Manche Eltern werden wütend auf das Schicksal oder wütend auf ihr krankes Kind. Sie haben sich aufgeopfert und ihre Grenzen nicht geschützt, und das Kind hat keinen Dank gezeigt. Wer sich aufopfert, will auch etwas dafür zurückbekommen. Aber sie vergessen, dass das Kind nie darum gebeten hat, dass sie sich aufopfern. Sie selbst haben sich dafür entschieden.

Auch ich wurde irgendwann wütend auf meine Tochter. Ich hatte so viel für sie getan und sie hat es mir so wenig gedankt. Ich hätte wütend auf mich selbst werden sollen, denn ich allein hatte mich dafür entschieden, nicht auf meine Bedürfnisse zu achten. Ich habe ihr nie gesagt, wie sehr es mich anstrengt, sie am Wochenende so früh aus dem Krankenhaus abzuholen, wenn ich in der Nacht zuvor spät von einem Seminar zurückgekommen war. Ich habe ihr nicht gesagt, dass es mir zu viel wird, wenn sie mich zehn Mal am Tag anruft und sofort sauer reagiert, wenn ich ihr einen Wunsch abschlage. Für sie muss die Heftigkeit, mit der ich begann, meine Grenzen zu verteidigen, unverständlich gewesen sein. Plötzlich reagierte ich verärgert und schlug ihr ab, was vorher für sie selbstverständlich war. Mit einem Mal legte ich mitten im Satz ungehalten den Telefonhörer auf. Das muss sie verwirrt und verärgert haben. Erst hatte ich alles ertragen, und plötzlich wurde es mir zu viel. Erst war ich zu nachgiebig und dann habe ich überreagiert.

Niemand kann seine Grenzen dauerhaft vernachlässigen, ohne selbst Schaden zu nehmen. Wenn wir nicht rechtzeitig für uns eintreten, dann läuft das Fass irgendwann über. Meist ist das ein Zeichen, dass wir nicht gewagt haben, früh genug Stopp! zu sagen. Die Gefahr besteht, dass wir dann selbst ungeduldig oder aggressiv werden, selbstmitleidig, nörglerisch, zänkisch oder überkritisch.

Gundel Z. wohnt mit ihrer 35-jährigen Tochter in einer Wohnung. Sie ist eine liebenswürdige und höfliche Frau, die ihrer Tochter, die an Schizophrenie erkrankt ist, helfen will. »Die Kinder brauchen uns doch«, sagt sie oft. Aber allmählich wird das Zusammenleben unerträglich. Die Tochter tut kaum etwas im Haushalt und beschimpft ihre Mutter, auch in Gegenwart von deren Freuden. Gundel Z. leidet darunter, hat aber begonnen, sich zu wehren. »Das kann ich auch«, sagt sie. »Ich lass mir das jetzt nicht mehr gefallen, ich werde auch böse und schimpfe zurück.« Warum sie denn die Tochter nicht bitte, sich eine eigene Wohnung zu suchen? »Das will sie nicht, wir reden jeden Tag darüber«, sagt Gundel Z. »Sie schreit mich an, ich könne sie doch nicht im Winter auf die Straße setzen, außerdem würde sie nie eine billige Wohnung finden.« Selbstverständlich wehrt sich die Tochter gegen die Veränderung einer Situation, die trotz aller Streitereien bequem, weil vertraut ist. Die Mutter setzt diesen Argumenten nichts entgegen. Gundel Z. ist überzeugt davon, dass es keine Lösung gibt. Wie viele andere Mütter und Väter lässt sie zu, dass ihr Leben von dem erkrankten Kind dominiert wird. Jetzt ist sie wütend und lässt sich in die Aufregung ihrer Tochter hineinziehen. Sie »wehrt« sich, in dem sie ebenfalls laut oder ärgerlich wird, d. h. sie reagiert mit eigenen Grenzverletzungen auf die Grenzverletzungen ihrer Tochter. Das ist für beide nicht gut. Gundel Z. hat jedes Recht, sich gegen deren unangemessenes Verhalten zu wehren, aber sie sollte das auf eine Art und Weise tun, die hilft.

Man hat untersucht, wie die Kommunikation und Interaktion in Familien mit einem psychisch Erkrankten sich auf dessen Bewältigung der Krankheit auswirkt und herausgefunden, dass gereiztes, nörgelndes oder kritisches Verhalten schlecht für den Genesungsprozess ist. Vor allem persönlich abwertende Äußerungen sind schädlich. Allerdings gilt dies ebenfalls für überfürsorgliches und grenzüberschreitendes Verhalten der Eltern. Das stellt uns manchmal vor große Herausforderungen. Besonders bei Kindern mit schizoaffektiven oder Borderline-Erkrankungen passiert es leicht, dass wir uns von ihren starken Gefühlsschwankungen anstecken lassen.

Eine ruhige, zugewandte, aber auch klare Form der Kommunikation ist für jeden Menschen angenehm, aber besonders wichtig für empfindsame Menschen, die ihre eigenen Emotionen nicht immer kontrollieren können. Als Eltern können wir unsere Kinder wirksam unterstützen, wenn wir lernen, unsere eigenen Emotionen zu beherrschen. In meinen Interviews konnte ich feststellen, dass gelassene und pragmatische Eltern am wenigsten unter ihrer Situation leiden. Es gelingt ihnen, die Verhaltensweisen, die eine psychische Krankheit mit sich bringt, von der Person ihres Kindes zu trennen. Sie schaffen es, die eigenen Grenzen zu schützen, indem sie klare Aussagen machten und die Konsequenzen benennen, die ein bestimmtes Verhalten nach sich zieht. Gundel Z. fällt beides schwer. Sie leidet mit ihrer Tochter und will sie schützen, unabhängig davon, wie abwertend diese sich verhält. Aber nach einiger Zeit hält sie es nicht mehr aus, ihre Stimmung kippt, sie wird wütend. Vielleicht bekommt sie danach wieder Schuldgefühle, weil sie zu harsch war. Dann bemüht sie sich darum, wieder besonders liebevoll zu sein. Man kann sich vorstellen, wie Mutter und Tochter in einen schädlichen Kreislauf geraten.

Es ist schwer, die richtige Balance zu finden, um unsere Grenzen zu schützen. Aber wir können unsere Selbstaufgabe nicht jahrelang unbeschadet aushalten. Auch für uns sind klare Grenzen wichtig, wenn wir engen Kontakt mit einem psychisch kranken Menschen haben. Vor allem aber brauchen psychisch Kranke eine stabile Umgebung und wir können dazu beitragen, indem wir klar kommunizieren, Regeln aufstellen und damit berechenbar und verlässlich werden. Eine psychische Krankheit kann dazu führen, dass ein Mensch die eigenen Grenzen nicht mehr spürt. Zu gefühlvolle Reaktionen, positive wie negative, bringen noch mehr Aufregung in seine Verwirrung. Wir sollten ruhig bleiben, um diese nicht noch zu steigern. Nachvollziehbare und vernünftige Grenzen erhöhen das Gefühl von Sicherheit.

»Verhalten Sie sich normal!«

Es ist nicht einfach, seine Verhaltensweisen zu verändern. Wer resigniert, sieht keine neuen Möglichkeiten, da kann es eher hilfreich sein, wenn wir wütend werden. Wut spornt uns an, etwas zu ändern.

Psychiater und Sozialarbeiter sagen Eltern gern, sie sollten sich ihren Kindern gegenüber *normal* verhalten. Das ist wieder einer dieser Tipps, die ebenso richtig wie wenig hilfreich sind. Wie verhalten wir uns normal in einer Situation, die nicht normal ist? Richtig ist an dem Hinweis, dass wir keine Verhaltensweisen ertragen sollten, die wir auch bei gesunden Menschen nicht ertragen würden. Keine Sonderbehandlung für psychisch Kranke. Aber hier wird der Hinweis schon wieder nutzlos. Was heißt *normal*? Auch in der Kommunikation mit gesunden Menschen gelingt es vielen Menschen nicht, ihre Grenzen zu schützen. Sie haben es nicht gelernt, weil es ihnen in der Kindheit niemand vorgelebt hat. Sie lassen sich zu Hause oder im Büro ausnutzen, ohne sich dagegen zur Wehr zu setzen, weil sie geliebt werden wollen oder weil sie Nachteile befürchten. Für diese Menschen ist es normal, sich nicht gegen Grenzverletzungen zur Wehr zu setzen. Für mich wäre es normal, sofort jeden Kontakt mit einem Menschen abzubrechen, der sich mir gegenüber abwertend oder aggressiv äußert. Für andere Menschen kann es *normal* sein, die eigenen Grenzen zu massiv zu schützen. Sie wehren sich gereizt, mit Lautstärke oder gar einem Faustschlag. Weder totaler Rückzug noch eigene Aggression sind gut für unsere Kinder. Die Forderung, sich »normal« zu verhalten, unterstellt, dass alle Menschen gelernt haben, ihre Bedürfnisse klar zu äußern und ihre Grenzen angemessen zu verteidigen. Aber das haben die wenigsten von uns gelernt. Vor allem in Konfliktsituationen wird deutlich, dass wir nicht leicht den richtigen Ton finden. Das müssen wir üben.

Trotz meiner Aufforderung, Grenzen zu setzen und loszulassen, bin ich überzeugt davon, dass psychisch Kranke mehr Zuneigung, Liebe und Nachsicht brauchen, als es bei psychisch stabilen Menschen »normal« ist. Das erfordert von uns eine vorsichtige Balance zwischen Grenzen setzen und Rücksichtnahme.

Grenzen setzen fördert Weiterentwicklung

Nur wenn psychisch Kranke lernen, Grenzen zu respektieren und die Konsequenzen ihres Verhaltens zu tragen, können sie sich weiterentwickeln. Und nur wenn wir unsere Grenzen verteidigen, lernen die Erkrankten, was ihr Verhalten bei anderen Menschen bewirkt. Wenn sie erkennen, dass sie uns kränken oder zu viel fordern, dann können sie – wenn sie es wollen – ihr Verhalten entsprechend anpassen. Wenn wir aber resignieren oder überreagieren, können sie das nicht verstehen und sind selbst verletzt, wütend oder verwirrt. Es verlangt viel von uns, zu verstehen, dass die Kinder, die wir manchmal verwirrt, hilflos, angsterfüllt oder aggressiv erlebt haben, dennoch Menschen sind, mit denen wir rational kommunizieren können. Es ist schwierig, auf »verrücktes« Verhalten nicht »verrückt« zu reagieren. Aber das müssen wir, wenn wir unseren Kindern die Chance geben wollen, ein erwachsenes Verhalten zu erlernen. Oft beginnt ihre Krankheit in der Pubertät und unterbricht den Reifeprozess des Kindes. Dadurch erscheint unser Kind oft hilflos und verletzlich, was uns dazu verführen kann, ihm besonders viel nachzusehen. Wir behandeln unser Kind dann, als ob es noch ein Kind sei. Aber unser erwachsenes Kind ist kein Kind mehr, selbst wenn es in psychischen Krisen kindliche Verhaltensweisen zeigt.

Unter der Überschrift »Liebe und Angst« wurde in der ZEIT von der Beziehung einer Mutter zu ihrer Tochter berichtet, die an Schizophrenie erkrankt war. Die Mutter tat alles für die inzwischen 37-jährige Tochter, und die Tochter erwartete auch alles von der Mutter. Sie schrieben sich jeden Tag kindlich anmutende Briefchen, in denen stand »Ich hab dich lieb!«. Die Mutter hatte kein eigenes Leben und hielt alles aus, weil die Tochter krank war. Als sie nach Jahren endlich doch einen neuen Freund hatte, kochte dieser für einen gemeinsamen Silvesterabend. Er stand in der Küche und bereitete Kürbissuppe und Gulasch zu. Aber die Tochter Lea hatte Hunger, sie wollte sofort essen und griff in seine Töpfe. Er versuchte, ihr das auszureden, aber sie hörte nicht auf. Nun wurde er selbst ungehalten und forderte sie auf, das zu lassen. Lea wurde wütend und beschimpfte ihn: »Du bist ein Arschloch, ein Riesenarschloch, du störst hier nur, hau ab.« Der Mann zog seine Schürze aus und ging. Der resignative Kommentar der Mutter: »Ich stand zwischen ihm und ihr, aber ich konnte ja nicht wählen, Lea ist doch meine Tochter.«

Wieso musste die Mutter zwischen Mann und Tochter wählen? Die Mutter hätte sich dafür entscheiden können, ihrer Tochter Grenzen zu setzen. Warum konnte sie ihr nicht ganz »normal« sagen, sie solle aufhören, ihren Freund anzuschreien, andernfalls könne sie Silvester nicht mit ihnen feiern? Wenn wir uns terrorisieren lassen, dann lernt der Betroffene, dass er mit Terror durchkommt. Der Freund ist weg. Die Mutter hat sich damit selbst um die Freude an einer neuen Partnerschaft gebracht. Die Tochter hat sich durchgesetzt, sie hat ihre Mutter wieder für sich allein. Was wird die Tochter machen, wenn die Mutter nicht mehr lebt?

Respektieren Sie die Grenzen Ihres Kindes

Wer seine eigenen Grenzen nicht schützen kann, neigt dazu, die Grenzen anderer ebenfalls nicht zu beachten. Aber wenn wir wollen, dass unsere Grenzen respektiert werden, dann müssen wir das auch bei unseren Kindern tun. Manche Eltern denken, dass sie ihr Kind am besten kennen und wissen, was gut für es ist. Aber Kinder haben oft andere Vorstellungen und das ist ihr gutes Recht. Eltern bestehen darauf, dass die Kinder ihre Wohnung aufräumen, oder beginnen selbst, dort zu putzen und aufzuräumen. Mütter wollen bestimmen, wie ihre Kinder das Zimmer in der betreuten Wohngemeinschaft einrichten oder überprüfen die Lebensmittel auf das Verfallsdatum. Eltern sagen ihren Kindern, wo sie wohnen oder was sie anziehen sollen und dass zu viel Rauchen schädlich ist. Sie versuchen, hinter dem Rücken der Kinder mit Ärzten oder Betreuern zu reden und wollen mitbestimmen, mit wem sich das Kind trifft. Eltern teilen ihren Kindern Medikamente zu oder mischen sie sogar heimlich in den Kartoffelbrei. Ich selbst habe nach einer Krankenhauseinweisung meiner Tochter eine Putzkolonne in ihre Wohnung geschickt, um das Chaos dort beseitigen zu lassen. Nach ihrer Rückkehr aus dem Krankenhaus war Lena unglücklich, weil alles anders aussah und sie Bücher, Kaffeetassen oder ihren Lieblingsaschenbecher nicht mehr fand. Um nicht noch einmal einen Katzenfänger organisieren zu müssen, hatte ich sogar ihren Kater ins Tierheim bringen wollen. Heute bin ich froh, dass meine Therapeutin mir damals ins Gewissen geredet hat. Das könne ich meiner Tochter nicht antun, ermahnte sie mich. Sie hatte Recht, ich hatte Unrecht. Mit meinen Aktionen habe ich die Grenzen meiner Tochter verletzt. Noch heute sehe ich das beunruhigte Gesicht meiner Tochter, wenn ich in ihre Wohnung komme. Ängstlich wartet sie darauf, dass ich eine kritische Bemerkung mache. Ich gebe mir große Mühe, das nie wieder zu tun. Es ist ihre Wohnung, und sie muss nicht meinen ästhetischen Vorstellungen entsprechen. Wenn es zu chaotisch wird, hat sie ihre ambulante Betreuerin, die ihr hilft, so weit Ordnung herzustellen, dass sie ihre Wohnung nicht verliert.

Eltern handeln nicht aus Rücksichtslosigkeit, aber oft denken sie nicht nach, bevor sie eine Entscheidung für ihr Kind treffen oder etwa eine Aufräum- oder Putzaktion starten. Sie stehen dermaßen unter dem Druck, Unheil vom Kind fernzuhalten, dass Geduld und Gelassenheit schwerfallen. Gesunde und stabile Kinder können derartige Übergriffe von Müttern oder Vätern mit einem lockeren Schulterzucken abtun, aber unsere Kinder, die täglich um Autonomie und ihre Grenzen kämpfen, werden durch derartiges Verhalten immer wieder verunsichert. Die Krankheit kann eine große Nähe zum Kind bewirken, auch, weil wir es in hilflosen Situationen erlebt haben. Das macht es für beide Parteien schwer, Grenzen einzuhalten, die zwischen gesunden erwachsenen Kindern und Eltern selbstverständlich sind. Was wir auch berücksichtigen sollten: Immer wenn wir etwas kritisieren, unser Kind auf etwas hinweisen, was aus unserer Sicht nicht in Ordnung ist, wird es wieder an seine Unzulänglichkeiten erinnert. Es weiß selbst, dass es Vieles im Alltag nicht gut bewältigt und leidet darunter. Das sollten wir nicht noch verstärken.

Gesine A. berichtet in ihrer Angehörigengesprächsgruppe voller Ärger vom Besuch beim Arzt ihres Sohnes. Ihrer Meinung nach sind die Medikamente ihres Sohnes zu hoch dosiert. Sie sieht bereits Nebenwirkungen, die sie für bedenklich hält, und auf einer Tagung hat ein Psychiater eindringlich vor Neuroleptika gewarnt. Aber ihr Sohn möchte die Dosis nicht ändern. Gesine A. lässt nicht locker und bittet um ein Gespräch mit seinem Arzt, dem sie ihre Bedenken schildert. Wie nicht anders zu erwarten, rät der Arzt ihr, zunächst mit ihrem Sohn darüber zu sprechen. Wenn ihr Sohn dann mit einem Wunsch zu ihm käme, würde er es mit ihm besprechen. Gesine A. ist aufgebracht, und die Mehrheit der anwesenden Eltern stimmt ihr zu. Aber auch das ist eine Grenzübertretung! Oft höre ich, Eltern *könnten* etwas einfach nicht ertragen oder mit ansehen und *müssten* daher eingreifen. Aber selbstverständlich *können* wir eine unaufgeräumte Wohnung mit ansehen, natürlich *müssen* wir nicht immer eingreifen, sondern können die Wünsche unseres Kindes respektieren. Wir *wollen* es nicht mit ansehen oder ertragen.

Statt sie zu bevormunden, können wir versuchen, gemeinsam mit unseren Kindern Lösungen zu finden. Etwas, das für einen selbst gut ist, ist es nicht zwangsläufig auch für einen anderen. Das heißt natürlich nicht, dass wir uns nicht einmischen dürfen, wenn wir beobachten, dass dem Kind unserer Meinung nach etwas ernsthaft schadet. Wir haben jedes Recht, unsere Befürchtungen anzusprechen. Wenn es bereits zu Auseinandersetzungen mit der Hausverwaltung gekommen ist und eine fristlose Kündigung droht, können wir unserem Sohn oder unserer Tochter sagen, dass Mülltüten nicht in der Wohnung gestapelt werden sollten und eine gewisse Ordnung und Sauberkeit nützlich sind, falls ein Mitarbeiter der Hausverwaltung vorbeikommen sollte. Wir können auch unsere Hilfe anbieten. Wir können das tun, was wir auch bei anderen erwachsenen Menschen tun würden, nämlich miteinander reden. Zum Beispiel kann ich meine Tochter fragen, ob es ihr recht ist, wenn wir die Küche zusammen aufräumen. Gesine A. könnte ihrem Sohn von den Ansichten des Psychiaters auf der Tagung berichten und ihn fragen, was er davon hält. Ob er vielleicht mit seinem Arzt einmal darüber reden wolle? Womöglich gibt es gute Gründe, warum er bei seinem Medikament und der aktuellen Dosierung bleiben will. Vielleicht ist er froh, dass seine Symptome weitgehend verschwunden sind und fürchtet eine Veränderung. Vielleicht hat er von anderen Patienten gehört, dass genau das von der Mutter empfohlene Medikament nicht gut vertragen wurde. Vielleicht will er sich auch ganz einfach nicht von seiner Mutter sagen lassen, was er tun soll. Fragen können wir immer, und wir dürfen auch sagen, dass wir uns Sorgen machen. Aber dann ist es die Entscheidung unseres Kindes: Wenn es unsere Befürchtung nicht berücksichtigt und eine Entscheidung trifft, die wir für riskant halten, dann muss es auch die Konsequenzen tragen.

In einer Krise kann es durchaus notwendig werden, dass Ärzte und Eltern über den Kopf des Kindes hinweg entscheiden. Aber unsere Kinder sind nicht immer in einer Krise. Ich bin überzeugt davon, dass ruhige Gespräche, in denen wir sie wie Erwachsene behandeln, eher erfolgreich sein werden. Heute ist viel davon die Rede, dass Ärzte mit den Betroffenen über die passende Therapie *verhandeln* sollen. Wir kritisieren oft, dass Ärzte über die Köpfe der Patienten hinweg Entscheidungen treffen. Das sollten sie nicht tun, aber wir Eltern sollten das auch nicht tun wollen.

Was tun?

Neue Kommunikationsgewohnheiten einzuüben ist nicht einfach. Es kann sein, dass wir anfangs zu harsch oder zu vorsichtig sind, dass wir wieder einen Rückzieher machen, wenn Gegenwehr kommt. Wir beschweren uns, drängen unser Kind, etwas zu tun oder reagieren verärgert, wenn nicht alles sofort klappt. Ein solches Vorgehen wird nicht erfolgreich sein, im Gegenteil, unser Kind wird sich erschrecken, wird wütend oder zieht sich zurück.

Um unsere Grenzen zu verteidigen, müssen wir zunächst unsere eigenen Grenzen kennen.

- In welcher Situation fühlen Sie sich schlecht oder überanstrengt? Was hat Sie in den letzten Monaten besonders geärgert?
- Was wollen Sie nie wieder in Ihrem Leben ertragen? Wie wollen Sie Ihre Grenzen in diesen Bereichen stärken?
- Was fehlt Ihnen in den Bereichen Beziehung, Freizeit, Gesundheit, Finanzen, Bewegung, Kultur?
- Wie wollen Sie Ihre Grenzen respektiert sehen? Was möchten Sie Ihrem Kind sagen?
- Nehmen Sie innerlich eine sichere Haltung ein: Es wird

Gegenwehr geben, wenn Sie etwas verändern wollen. Fühlen Sie sich nicht schuldig, weil Sie an Ihre Bedürfnisse denken. Auch Ihre Gefühle sind wichtig. Wenn Ihr Kind sich dagegen wehrt, zeigt es, dass es Ihre Grenzen nicht respektiert.

- Lassen Sie sich nicht in eine Auseinandersetzung verwickeln, sonst merkt Ihr Kind, dass Ihre Grenze schwach ist. Es spürt, dass Sie kein Vertrauen haben, auch an sich zu denken.
- Setzen Sie nur Grenzen, die Sie auch einhalten können. Es ist besser, mit kleinen Schritten anzufangen.
- Wenn die Gegenwehr Ihres Kindes bei Ihnen schlechte Gefühle hervorruft, dann tun Sie etwas für sich: Spazieren gehen, Sport, Musik hören, ins Kino gehen, Freunde treffen.
- Wenn es Ihnen zu schwer fällt, suchen Sie sich professionelle Hilfe.

Viele Eltern haben Angst vor den Konsequenzen, wenn sie Grenzen setzen. Aber bedenken Sie: Wenn Ihr Kind eine Grenze überschreitet, die Sie gesetzt haben, dann hat es eine Entscheidung getroffen, und Entscheidungen führen zu Konsequenzen. Und Sie müssen dann tatsächlich konsequent sein und die Sanktionen umsetzen, die Sie angekündigt haben. Nur auf diese Weise können Sie Ihre Grenzen schützen und kann Ihr Kind lernen, dass seine Entscheidungen Konsequenzen haben.

Respektvoll kommunizieren

Viele Eltern sind nicht darin geübt, schwierige Gespräche mit dem Kind bei gegenseitigem Respekt zu führen. Oft hören wir nicht zu und versuchen den anderen zu unserer Sichtweise zu drängen. Das hat wenig Erfolg. Die Voraussetzungen für gelingende Gespräche sind:

- Behandeln Sie Ihr Kind wie einen gleichberechtigten, erwachsenen Menschen, auch wenn es noch sehr jung ist.
- Trennen Sie zwischen Person und Sache. Sie können Ihr Kind schätzen und akzeptieren, ein bestimmtes Verhalten aber dennoch ablehnen.
- Bezeichnen Sie genau, was Sie stört und welches alternative Verhalten Sie sich wünschen. Keine allgemeinen Vorwürfe wie »Du bist immer so unordentlich!« oder »Nie nimmst Du auf uns Rücksicht!«.
- Bleiben Sie in der Sache hart. Sie müssen sich nicht rechtfertigen, Sie haben auch Rechte.

Der amerikanische Psychiater Xavier Amador schlägt vor, in vier Schritten vorzugehen: Zuhören, Verständnis zeigen, Einigung herbeiführen, Schritte festlegen.

Zuhören: Zuhören bedeutet, wirklich verstehen zu wollen, was der andere sagen will, ohne sofort auf das, was er fühlt, möchte und glaubt zu reagieren. Wiederholen Sie mit eigenen Worten, was Sie verstanden haben, um Missverständnisse auszuschließen. Argumentieren Sie nicht sofort. Es ist wichtig für Sie, zu verstehen, was Ihr Kind über seine Krankheit denkt und warum es etwa eine Behandlung ablehnt. Fragen Sie, was es sich für die Zukunft erhofft, ganz unabhängig davon, ob diese Hoffnung realistisch ist oder nicht. Wenn Sie ihm zeigen, dass sie seine Erfahrungen, Wünsche und Abneigungen verstanden haben, wird es eher bereit sein, auch Ihnen zuzuhören.

Verständnis zeigen: Wenn Sie erreichen wollen, dass jemand über Ihren Standpunkt nachdenkt, dann müssen Sie ihm deutlich machen, dass Sie auch seinen Standpunkt ernsthaft bedacht haben. Zeigen Sie Verständnis für alle Gründe, die er aufführt, um sich nicht behandeln zu lassen, die Wohnung nicht zu verlassen, nicht ins Krankenhaus zu gehen, auch Gründe, die Sie für »verrückt« halten. Etwas zu verstehen bedeutet nicht, es auch zu akzeptieren. Je mehr Verständnis wir für seine Gründe zeigen, desto eher wird er auch Verständnis für unsere aufbringen können.

Einigung herbeiführen: Aus der Mediation weiß man, dass es immer ein gemeinsames Ziel gibt, worauf sich Menschen mit unterschiedlichen Positionen und Interessen einigen können. Wenn Sie darauf bestehen, dass er Medikamente nimmt und er das nicht will, dann kommen Sie nicht weiter. Mit dem Argument »Das ist besser für dich!« werden Sie nichts erreichen. Aber Sie könnten sich darauf einigen, dass Sie beide wollen, dass es ihm besser geht. Sie könnten übereinstimmen, dass er wieder arbeiten, seine kleine Tochter öfter sehen oder seine Wohnung behalten will. Auf dieser gemeinsamen Basis könnten Sie eine Strategie entwickeln, um dieses Ziel zu erreichen. Vielleicht ist er dann auch offen für eine Therapie oder für Medikamente, wenn diese ihm helfen, sein Ziel zu erreichen.

Schritte festlegen: Wenn Sie sich auf ein Ziel und eine Strategie einigen konnten, legen Sie genau fest, was er und was Sie (oder der Arzt, die ambulante Betreuung, Freunde) tun können, damit der Betroffene sein Ziel erreicht. Legen Sie einen Zeitpunkt fest, an dem Sie beide überprüfen, ob Sie die Schritte durchhalten konnten und ob das Ziel näher gerückt ist. Eventuell muss das Ziel modifiziert und müssen die Schritte angepasst werden.

Stigmatisierung

Viele Eltern beklagen die Stigmatisierung und Diskriminierung psychisch Kranker, von der sie sich auch selbst betroffen fühlen. Der »Makel«, mit dem psychische Krankheit behaftet ist, färbt auch auf sie ab. Eltern sind mehrfach betroffen: Sie leiden unter den Auswirkungen der psychischen Krankheit, unter dem Stigma, mit dem diese Krankheiten behaftet sind und – vor allem Mütter – auch noch unter dem Makel, die psychische Krankheit verursacht zu haben. Der Soziologe Erving Goffman spricht von *Stigma-Management*, wenn Betroffene sich bemühen, über ihren »Makel« hinwegzutäuschen. Auch viele Eltern versuchen diesen »Makel« zu verbergen. Für sie kann das Stigma-Management zu einer energieraubenden, dauerhaften Anstrengung werden.

Wir sprechen von Stigmatisierung, wenn eine Gruppe von Menschen abgelehnt wird, weil sie »anders« ist (Krankheit, Hautfarbe, sexuelle Orientierung), und dieses »anders« zumeist auch »weniger gut« bedeutet. Die Ablehnung kann sich darin zeigen, dass Menschen, die zu dieser Gruppe gehören, im eigenen Umfeld ungern gesehen werden oder dass abfällige Äußerungen und Witze über sie gemacht werden. Sie kann aber auch zur echten Diskriminierung werden, wenn etwa Menschen mit einer psychischen Krankheit von Arbeit, Wohnung, Ausbildung oder auch öffentlichen Orten ausgeschlossen werden. Es gibt Bereiche, in denen psychisch Kranke rechtlich diskriminiert werden: So können sie etwa keine Reiserücktrittsversicherung abschließen oder Schwierigkeiten haben, ihren Führerschein zu machen oder zu behalten. In anderen Bereichen ist es schwieriger nachzuweisen, ob es sich um Diskriminierung handelt: So wird vermutlich kein Arbeitgeber in einer schriftlichen Ablehnung als Grund die psychische Erkrankung benennen.

Eltern psychisch Kranker erfahren stigmatisierendes Verhalten auch im psychiatrischen Umfeld. Asmus Finzen hat darauf hingewiesen, dass während seines Studiums Angehörige noch als »Ungehörige« bezeichnet wurden. In einem Lehrbuch von 1958 schreibt der leitende Arzt der Krankenanstalt Bethel, Karsten Jaspersen, unter der Überschrift »Verkehr mit Angehörigen«, dass der Umgang mit uns zuweilen schwieriger sei als mit den Kranken selbst. Leider seien Eltern in manchen Fällen, wenn auch nicht geisteskrank, so doch irgendwie psychisch abartig. Daher solle man den Kontakt zu Angehörigen weitestgehend einschränken. Noch im Jahr 2014 war sich eine Sozialarbeiterin auf einer Tagung ganz sicher, warum Eltern die These des chemischen Ungleichgewichts im Gehirn bevorzugen: »Damit machen sie es sich einfach. Dann können sie ihre Kinder mit Medikamenten vollstopfen und alles ist in Ordnung.« Manche Betroffene schieben uns die Schuld an ihrer Krankheit zu und werfen uns vor, wir wollten sie ruhigstellen und sie möglichst lange – auch gegen ihren Willen – im Krankenhaus festhalten. Eltern erfahren Ablehnung durch ihre Kinder und von den Menschen, denen wir unsere Kinder anvertrauen.

Diese Schuldzuweisungen tun weh, aber dennoch sollten auch wir uns hüten, hier unzulässig zu verallgemeinern. Weder spricht die erwähnte Sozialarbeiterin für alle Sozialarbeiter, noch beschuldigen uns alle Betroffenen oder halten uns heute immer noch alle Psychiater für »irgendwie psychisch abartig«. Ebenso wie nicht *alle* Menschen auf psychische Kranke herabsehen, sollten wir nicht annehmen, dass *alle* Betroffenen und Fachleute uns *immer* stigmatisieren.

Ob wir tatsächlich Erfahrungen mit Stigmatisierung machen oder ob wir annehmen, stigmatisiert zu werden: Eltern verwenden viel Energie darauf, ihren *gefühlten* Makel und den ihres Kindes zu verstecken. Sie erwarten, überall schlecht angesehen zu werden und fühlen sich daher schon schlecht, bevor sie überhaupt feststellen konnten, ob ihre Erwartung der Realität entspricht. Meine Erfahrung ist, dass Eltern sich häufig über Stigmatisierung beklagen, ohne eine konkrete Stigmatisierungserfahrung benennen zu können. Auch wenn gesellschaftliche Stigmatisierung und Diskriminierung psychisch Kranker existieren, wirkt sich diese nicht auf jeden Betroffenen und auf alle Eltern praktisch aus. Dennoch scheint eine *gefühlte* Stigmatisierung und Diskriminierung bei vielen Eltern ständig präsent zu sein. Auch ohne einen Beweis für eine konkrete Stigmatisierung halten wir unsere Gedanken oft für die Realität, so dass allein die Befürchtung, stigmatisiert zu werden, dazu führt, dass es uns schlecht geht. Viele Eltern ziehen sich zurück und reden mit niemandem über ihre Situation. Damit nehmen sie sich die Chance auf soziale Kontakte, die Möglichkeit, andere um Rat zu fragen und ihren Kummer mit anderen zu besprechen. Außerdem machen sie keine neuen Erfahrungen, wenn sie sich vor anderen Menschen zurückziehen. Sie können also nicht feststellen, dass es auch Menschen gibt, die keine Vorurteile haben oder die froh darüber sind, über dieses Thema zu sprechen, weil sie selbst oder jemand aus ihrem unmittelbaren Umfeld auch an einer psychischen Erkrankung leiden. Zu Beginn von Lenas Krankheit habe ich genau diese Erfahrung gemacht. Wenn ich von ihr erzählte, antworteten viele Menschen mit einer ähnlichen Geschichte aus ihrer Umgebung. Seit meinem Buch *Schizophrenie ist scheiße, Mama!* werde ich in der Apotheke, der Reinigung, bei meinem Arzt, an der Tankstelle und im Zug angesprochen, weil mir jemand seine Geschichte mit einer psychischen Erkrankung bei Tochter, Vater, Cousin oder Freundin berichten möchte, fast immer mit dem Zusatz: »Ich bin so froh, dass Sie darüber geschrieben haben, ich habe das Buch in meiner Familie und im Bekanntenkreis verschenkt.« Ebenso gibt es natürlich Menschen – auch unter Angehörigen und Betroffenen –, die der Ansicht sind, dass ich so ein Buch niemals hätte schreiben dürfen.

Wir müssen mit der Realität umgehen, und dazu gehören Vorurteile, Stigmatisierung und Diskriminierung. Aber wir sollten uns davor hüten zu glauben, alle Menschen hätten Vorurteile gegenüber psychisch Kranken, damit dies bei uns nicht ebenfalls zu einem Vorurteil wird. Vor allem ist es unsere Entscheidung, wie wir auf Vorurteile und Stigmatisierung reagieren. Niemand zwingt uns, unser Leben dauerhaft von der Meinung anderer Menschen beeinträchtigen zu lassen. Andere Menschen können uns nur verletzen, wenn wir das auch zulassen.

Als ich vor fast zwanzig Jahren einem Kollegen von der Diagnose meiner Tochter erzählte, und er darauf erwiderte, ich sei ja auch wirklich eine sehr dominierende Frau, war ich tief gekränkt, vielleicht habe ich sogar geweint. Ich war fassungslos, dass jemand so herzlos sein konnte. Vor einem Jahr eröffnete mir ein guter Freund, nachdem er mein Buch gelesen hatte, es sei völlig klar, weshalb Lena krank geworden sei: Sie habe sich an mir rächen wollen, weil ich sie nach England ins

Internat geschickt hatte. Dieses Mal musste ich weder weinen noch fühlte ich mich verletzt. Stattdessen sagte ich ihm heiter, dass so eine Bemerkung für einen intelligenten Menschen ziemlich dämlich sei. Er war erst überrascht, und dann mussten wir beide lachen.

Je mehr wir darüber nachgrübeln, was andere Menschen eventuell von uns denken, desto unglücklicher machen wir uns. Viele Menschen haben Vorurteile über psychisch Erkrankte oder über die Entstehung psychischer Krankheiten, aber viele Menschen haben auch Vorurteile über Alte, Junge, Ausländer, Dicke oder Homosexuelle. Das muss mein Lebensgefühl nicht nachhaltig beeinflussen, und ich muss auch nicht ständig allen erklären, dass ihre Meinungen falsch sind. Ein *Vor*urteil braucht keine Argumente und keinen Beweis: Es ist ein Urteil, das gefällt wird, *bevor* jemand relevante Informationen zu einem Thema hat. Warum sollten wir uns daran abarbeiten, Menschen davon zu überzeugen, dass ihre Urteile Vorurteile sind?

Zu den Symptomen von Schizophrenie gehören oft »unkorrigierbare Überzeugungen«, d. h. dass jemand von etwas überzeugt ist, was er nicht an der Realität überprüft hat – wie etwa bei einem Wahn. Es gibt viele Menschen ohne die Diagnose Schizophrenie, deren Überzeugungen ebenfalls unkorrigierbar sind.

Mein Rat ist es daher, nicht mehr ständig gekränkt oder verbittert darüber nachzudenken, was andere Menschen von uns und von psychisch Kranken denken.

Manches Mal ist die falsche Sicht auch kein Vorurteil, sondern einfach nur ein Mangel an Information. Eine Frau ärgerte sich, wenn ihr gegenüber in der U-Bahn ungepflegte und lärmende Menschen saßen. Nach der Lektüre meines Buches schrieb sie: »Jetzt denke ich, dass der Mensch mir gegenüber vielleicht an einer psychischen Krankheit leidet. Vor Ihrem Buch haben solche Menschen mich gestört, jetzt tun sie mir leid.« Statt immer zu glauben, dass wir abgelehnt werden, können wir einen anderen Weg wählen. Für mich habe ich beschlossen, dass ich nicht durchs Leben gehen und mich dauernd von der Gesellschaft abgelehnt fühlen möchte. Ich möchte mich nicht zurückziehen und über die Krankheit meiner Tochter schweigen, nur weil wir möglicherweise von anderen abgelehnt werden könnten. Ich möchte meine Tochter auch nicht verstecken, dafür gibt es keinen Grund.

Und überhaupt: Wie wäre es für meine Tochter, wenn ich sie verstecken wollte? Wie müsste sie sich fühlen, wenn ich aus Scham nicht offen über unsere Situation rede? Ihr Arzt riet ihr, auf keinen Fall über ihre Krankheit zu sprechen – wegen der Stigmatisierung. »Ich schäme mich doch sowieso schon für meine Krankheit«, sagte sie. »Wenn er das sagt, bestätigt er doch, dass es etwas gibt, wofür ich mich schämen muss.« Stattdessen sollten wir unseren Kindern das Gefühl geben, dass wir zu ihnen und der Krankheit stehen, ganz unabhängig davon, was andere Menschen dazu sagen. Es ist belastend, wenn wir uns immer gegen eine mögliche Stigmatisierung wappnen müssen. Haben wir ständig die Stigmatisierung oder Diskriminierung im Kopf, gehen wir mit einem großen Blendscheinwerfer durch die Welt, um jede noch so kleine mögliche Ablehnung zu entdecken. Jede flapsige Bemerkung, jedes unachtsame Wort wird als Indiz dafür gewertet, dass unsere Befürchtung zu Recht besteht, dass wir jeden Grund haben, uns schlecht zu fühlen. Wer erwartet, stigmatisiert zu werden, wird dafür überall einen Beweis finden.

Ein schönes Beispiel dazu erlebte ich, als ich telefonisch bei meinem Arzt um ein Rezept bat. Eine freundliche Dame fragte nach meinem Namen. Da mein Name oft nicht verstanden wird – Doppelname! und dann auch noch das Peer englisch ausgesprochen! – sagte ich ihn langsam und deutlich. Etwas schnippisch meinte sie: »Sie haben gleich gemerkt, dass ich Ausländerin bin, deshalb sprechen Sie so überdeutlich mit mir.« Schnell versicherte ich ihr, dass nur mein schwieriger Name der Grund für die deutliche Aussprache war, worauf sie erwiderte, dass es nichts mache, es sei ihr nur aufgefallen, weil ihr das als Ausländerin immer (!) passiere. Wir waren in die schönste Verwirrung geraten. Sie war überzeugt davon, dass sie als Ausländerin immer (!) stigmatisiert wird, was sich auch darin zeigt, dass Deutsche immer (!) besonders deutlich und laut mit ihr sprechen. Meine Art, den Namen zu buchstabieren bestätigte ihre Überzeugung. Mir hingegen war ihr kaum wahrnehmbarer Akzent nicht aufgefallen. Ich fühlte mich nun aber schuldig, weil sie dachte, ich hätte ihr gegenüber Vorurteile. Sie fühlte sich schlecht, weil ihre Befürchtung sich bewahrheitet hatte. Ich kann mir gut vorstellen, dass sie abends ihrem Mann erzählte, dass sie wieder (!) nicht ernst genommen wurde, nur weil sie Ausländerin ist.

Es kann helfen, wenn wir uns bewusst machen, dass auch wir nicht frei von Vorurteilen sind und ebenfalls manches Mal abwertend über bestimmte Gruppen urteilen. *Die* Gesellschaft ist es nicht, die uns stigmatisiert, wir alle sind die Gesellschaft und wir sind auch nicht frei von dem, was viele Menschen denken. Wie haben Sie vor der Krankheit Ihres Kindes über Menschen gedacht, die laut vor sich hinredend und in zerrissenen Hosen über den Bürgersteig trotten? Was haben Sie früher über Menschen mit psychischen Krankheiten gedacht? Was haben Sie gedacht, wenn Sie von einem psychisch Kranken hörten, der im Wahn seine Frau erstochen hat? Wie haben Sie über Eltern geurteilt, deren Kinder unordentlich herumlaufen, laut sind oder vielleicht sogar mit der

Polizei aus der Wohnung weggebracht wurden? Auch Eltern von psychisch Kranken sind nicht frei von stigmatisierenden Einstellungen: Als eine Mutter in einem Interview offen über ihren psychisch kranken Sohn sprach, der Drogen nahm, empörten sich andere Eltern. Das dürfe man nicht an die Öffentlichkeit bringen, es könne der Eindruck entstehen, alle psychisch Kranken würden Drogen nehmen. Ihre Kinder hätten so etwas niemals getan!

Ganz unabhängig davon, ob die Eltern das beurteilen können, wird hier deutlich, dass aus der Sicht dieser Eltern psychisch Kranke, die keine Drogen nehmen, besser sind als diejenigen, die es tun. Es gibt also zwei Klassen von psychisch Kranken. Auch hier wird eine Gruppe von Menschen abgewertet und stigmatisiert.

Ein Vater entrüstete sich darüber, dass auf der Station seiner Tochter auch geistig erkrankte Patienten untergebracht waren. Die gehörten dort nicht hin, das sei für seine Tochter beängstigend, die würden sich so merkwürdig aufführen. Wer sich für sein Kind Inklusion wünscht, sollte einer anderen Gruppe von Menschen diese auch nicht verwehren.

Es geht mir nicht darum, Eltern, von denen solche Äußerungen kommen, zu kritisieren. Vielmehr will ich damit zeigen, dass wir ebensolche Ängste und Vorbehalte haben wie die Menschen, denen wir heute Stigmatisierung vorwerfen. Ich halte diese Eltern nicht für Menschen mit extremen Vorurteilen. Sie haben nur spontan eine Meinung von sich gegeben, ohne darüber nachzudenken.

Vor einem Jahr wurde eine Studie veröffentlicht, die nachweist, dass Vorurteile gegenüber psychisch Kranken zugenommen haben. Diese Studie geisterte durch alle Medien, und Angehörige wie Betroffene bestätigten einander mit düsteren Mienen, dass sich ihre Befürchtungen wieder einmal bewahrheitet hatten. Sicher sind diese Fragen aus Sicht der Wissenschaft interessant und vielleicht sogar wichtig. Aber was hat sich für das Leben des Einzelnen mit dieser Studie tatsächlich geändert? Gar nichts, außer, dass sie sich jetzt noch schlechter fühlen.

Wir haben die Wahl: Wir können uns gedanklich pausenlos damit beschäftigen, dass es Vorurteile gegen psychisch Kranke und ihre Eltern gibt. Oder wir nehmen uns vor, unser Leben gemeinsam mit unseren Kindern selbstbewusst zu managen. Es mag Vorurteile geben, aber wir können entscheiden, ob wir uns gekränkt fühlen müssen. Ich möchte nicht ständig auf der Lauer liegen, um Stigmatisierung zu entdecken. Vor allem aber möchte ich meiner Tochter nicht ständig erzählen, dass psychisch Kranke stigmatisiert werden. Soll sie das selbstbewusster machen? Im Gegenteil, ich möchte sie darin bestärken, ihre Krankheit als Teil ihres Lebens zu begreifen und nicht ständig daran zu denken, was andere dazu meinen. Niemand sollte seine Energie dafür einsetzen, aus Furcht vor Stigmatisierung seine Krankheit zu verbergen oder sich permanent gekränkt zu fühlen. Sich verstecken zu müssen macht Angst und isoliert. Wir Eltern können unseren Kindern ein gutes Beispiel geben. Bestätigen wir nicht die Ängste der Kinder, sondern helfen wir ihnen, selbstbewusster zu werden und ihr Leben so weit wie möglich selbst in die Hand zu nehmen.

Anders ist es bei tatsächlicher Diskriminierung. Natürlich sollten wir uns dafür einsetzen, dass psychisch Kranke keine rechtlichen oder faktischen Nachteile haben. Es kann Eltern sogar guttun, wenn sie sich in einer Anti-Stigma-Kampagne engagieren. Ob solche Aktivitäten wirklich dazu beitragen, Vorurteile in der Gesellschaft zu verringern, ist schwer zu sagen.

Aber es kann uns helfen, uns stärker zu fühlen und aus unserer Isolation herauszutreten, gemeinsam mit anderen für unsere Kinder einzutreten. Ob unser Kind aber tatsächlich wegen seiner psychischen Krankheit diskriminiert wird, sollten wir immer genau prüfen. Es hilft niemandem, mit der ängstlichen Erwartung durchs Leben zu gehen, diskriminiert zu werden.

Eine junge Frau mit psychiatrischer Erfahrung bewarb sich auf dem ersten Arbeitsmarkt. *Natürlich*, erzählte sie, habe man sie nicht genommen. Psychisch Kranke würden eben immer diskriminiert. Die anwesenden Eltern nickten bestätigend, sie hatten nichts anderes erwartet. Nur von einem Arbeitgeber habe sie einen 450-Euro-Job angeboten bekommen, den sie selbstverständlich abgelehnt habe. Alle Anwesenden waren sich einig, dass es sich um einen klaren Fall von Diskriminierung handelte. Aber auf Nachfrage ergab sich, dass die junge Frau genau vier Bewerbungen abgeschickt hatte. Als Karriereberaterin weiß ich, dass auch gesunde, hochqualifizierte Menschen selten mit vier Bewerbungen erfolgreich sind. Man könnte es also auch so sehen, dass die Frau zu 25 % erfolgreich war. Und dass ein 450-Euro-Job möglicherweise ein guter Einstieg nach einer Krankheitsphase sein könnte.

Die junge Frau ging bereits mit der Erwartung in das Vorstellungsgespräch, abgelehnt zu werden, und bewertete jedes Wort des Arbeitgebers vor diesem Hintergrund. Menschen, die sich aufgrund ihrer Verletzbarkeit leicht abgelehnt und stigmatisiert fühlen, sollten wir nicht auch noch darin bestätigen. Wenn die junge Frau glaubt, dass sie eine Stelle aufgrund von Diskriminierung nicht bekommen hat, macht sie das hilflos. Wenn sie hingegen versteht, dass eine Ablehnung nicht *immer* Diskriminierung sein muss, sondern auch andere Gründe haben kann, dann kann sie es als normale Erscheinung des Lebens hinnehmen und sich weiterbewerben.

5 Psychiater und Sozialarbeiter
Gegner oder Kooperationspartner?

Adenauer wird der Satz zugeschrieben: »Wir müssen die Menschen so nehmen, wie sie sind, wir haben keine anderen.« So sollten wir es auch mit Ärzten, Psychologen und Sozialarbeitern halten: Wir haben keine anderen. Ich plädiere für einen realistischen und pragmatischen Umgang mit Psychiatern und Sozialarbeitern. Gerade Eltern mit langjähriger Erfahrung in der Begleitung psychisch kranker Kinder sind enttäuscht von Psychiatern. Wir haben erfahren, dass sie ungern mit uns reden und unsere Bedürfnisse und unsere Situation nicht berücksichtigen. Sie geben uns keine Informationen für den richtigen Umgang mit unseren Kindern. Viele Eltern haben erlebt, dass Fachleute dogmatisch darauf bestanden, nicht mit ihnen zu sprechen, wenn der Patient das nicht erlaubt. Das hat mich übrigens immer schon erstaunt, weil ich ansonsten nie erlebt habe, dass im psychiatrischen System der Wille des Patienten an erster Stelle steht.

Inzwischen habe ich aber auch ermutigende Erfahrungen mit jüngeren Ärzten und Sozialarbeitern gemacht, und ich habe den Eindruck, dass sich etwas verändert hat. Viele Ärzte und Sozialarbeiter wissen heute, dass es ihren Patienten oder

Klienten hilft, wenn sie die Eltern einbeziehen. Ich habe inzwischen erlebt, dass unmittelbar nach einer Krankenhauseinweisung das Telefon klingelte und der behandelnde Arzt mich bat, zu ihm in die Klinik zu kommen. Ich habe Ärzte erlebt, die darauf bestanden haben, mit mir zu reden, obwohl meine Tochter das in einem psychotischen Zustand erst nicht wollte. Ich habe auch erlebt, dass Psychiater oder Sozialarbeiter im gemeinsamen Gespräch die Partei meiner Tochter ergriffen und mir erklärten, was ihr an meinem Verhalten Kummer machte. Ohne die Unterstützung, die meine Tochter heute durch ihre Psychiaterin und Sozialarbeiterinnen erhält, wäre unser Leben nicht so gut. Und auf meinen Lesereisen habe ich Sozialarbeiter und Psychiater kennengelernt, deren Engagement ich mir für jeden Betroffenen und alle Eltern nur wünschen kann.

Es gibt immer noch zu wenig entgegenkommende Fachleute, aber, um es noch einmal mit Adenauer zu sagen, wir haben eben keine anderen Psychiater oder Sozialarbeiter in Kliniken, Praxen, Ämtern und Einrichtungen. Wir Eltern sollten lernen, auch mit ihnen umzugehen. Wir sollten bereit sein, manche negative Erfahrung der Vergangenheit zu vergessen und für neue Erfahrungen offen zu sein. Oft führen auch unvollständige Informationen oder falsche Erwartungen zu unserer Frustration. Ein realistischer Blick auf die Aufgaben von Psychiatern und Sozialarbeitern kann helfen. Psychiater sollen Diagnosen stellen und eine geeignete Therapie verordnen. Wenn sie diese Aufgabe gut erfüllen, dann sind sie gute Ärzte. Woran erkennen wir, dass sie diese Aufgabe gut erfüllen? Sicher nicht daran, dass plötzlich eine Heilung eintritt, denn das kann kein Psychiater und keine Therapie versprechen. Da wir die fachliche Kompetenz nicht wirklich beurteilen können, müssen wir uns an anderen Aspekten orientieren. Für mich arbeitet ein Psychiater gut, wenn er eine Beziehung zu meiner Tochter aufbauen kann und sie freiwillig und regelmäßig zu ihm geht. Wenn er auch auf ihre Bedürfnisse eingeht, ihr etwa ein anderes Medikament, weniger oder gar das Absetzen der Medikamente, einen kürzeren Krankenhausaufenthalt oder die offene statt der geschlossenen Station anbietet. Er muss und darf nicht in alles einwilligen, aber gerade bei psychischen Erkrankungen halte ich es für äußerst wichtig, wenn der Arzt die Bedürfnisse des Patienten ernst nimmt und seine Wünsche mit ihm bespricht. Wir wissen, dass nur auf einer Basis gegenseitigen Vertrauens eine kontinuierliche Behandlung über Jahre möglich ist. Wenn unser Kind einen solchen Psychiater findet, dann können wir zufrieden sein. Wir müssen akzeptieren, dass es *nicht* die Aufgabe eines Psychiaters ist, die Therapie zu verordnen, die wir als Eltern für richtig halten. Und ebenso ist es auch *nicht* ihre Aufgabe, schluchzende Mütter oder besorgte Väter zu trösten, auch wenn es eine erfreuliche soziale Kompetenz zeigen würde, wenn sie es täten. Wenn wir Trost und Hoffnung brauchen, sind Psychiater nicht in der Lage, uns diese zu geben. Sie haben keine Zeit und sie sind auch nicht geübt darin, Eltern zu trösten. In unserer Verzweiflung glauben wir, Ärzte müssten über eine schlimme Diagnose ebenso erschüttert sein, und halten sie für desinteressiert, wenn das nicht der Fall ist. Aber Ärzte müssen professionelle Distanz aufbringen, um sich auf die Therapie zu konzentrieren.

Rechtliche Betreuer können Schaden von unseren Kindern abwenden, sie unterstützen sie bei Wohnungsfragen, finanziellen Belangen oder auch in Gesundheitsfragen. Sie können ohne Zustimmung des Patienten mit dem Arzt sprechen oder in Abstimmung mit dem Psychiater eine Krankenhauseinweisung veranlassen. Im Falle von Krisen können sie fachlich qualifiziert und emotional gelassen Dinge regeln, die aufgeregten Eltern viel schwerer fallen. Ambulante Betreuer oder Soziotherapeuten sind eine wichtige Stütze im Alltag: Sie können eine Beziehung zu unserem Kind aufbauen und es dabei unterstützen, sein Leben zu meistern und sorgsam mit ersten Symptomen umzugehen. Wenn ihnen das gelingt, sind sie sowohl für das Kind als auch für die Eltern eine große Hilfe. Sie entlasten uns damit von Aufgaben, die sonst wir übernehmen müssten, für die wir aber weder ausgebildet sind noch den notwendigen Abstand haben. Sie halten Kontakt, begleiten das Kind bei Behördengängen, kochen mit ihm, gehen mit ihm spazieren und reden über akute Probleme. Sie unterstützen es dabei, wieder einen Weg zurück ins normale Leben zu finden.

Lenas ambulante Betreuerin motivierte sie auch, sich einen Job zu suchen oder freiwillig ins Krankenhaus zu gehen. Sie tröstet sie, wenn es Konflikte mit Freundinnen gibt oder redet mit ihr über Medikamente. Sie begleitet Lena zur Gutachterin, wenn sie sich bei diesem Termin allein unsicher fühlt, und erstellt mit ihr einen Krisenplan. Sie haben sich beide dafür entschieden, mich in den Plan einzubeziehen. Die Betreuerin entlastet mich, weil ich weiß, dass ein gut ausgebildeter und wohlwollender Mensch an Lenas Seite ist. Vor allem aber ermöglicht sie Lena auch mehr Autonomie: Sie muss nicht jedes Thema mit ihrer Mutter besprechen.

Auch hier ist wichtig zu verstehen: Weder die rechtlichen noch die ambulanten Betreuer sind dafür da, sich unsere Sorgen anzuhören oder gar Aufträge von uns entgegenzunehmen. Sie sind nicht dafür da, das Bett zu beziehen, die Wohnung aufzuräumen oder dafür zu sorgen, dass die Haare immer gewaschen sind. Stattdessen ist es ihre Aufgabe, den

Betroffenen zu stärken, damit er genau diese Dinge selbst tun kann. Wir müssen auch akzeptieren, dass Betreuer in erster Linie dafür da sind, das Kind zu unterstützen, und nicht, um unsere Forderungen gegenüber dem Kind durchzusetzen. Einige Betreuer berichteten mir, dass manche Eltern von ihnen erwarten, das zu erreichen, was sie selbst oder die Ärzte bislang nicht geschafft haben: Die Medikamente sollen pünktlich genommen werden, die Wohnung geputzt und soziale Kontakte gepflegt werden. Aber auch sie können die Krankheit nicht heilen.

Stellen Sie keine unrealistischen Forderungen an Betreuer, dann werden Sie auch nicht enttäuscht oder verärgert sein, wenn diese nicht erfüllt werden. Sehen Sie diese Fachleute als wichtige Menschen im Leben Ihres Kindes, mit denen Sie in seinem Interesse eine gute Beziehung haben sollten.

Wollen Sie dem Arzt oder dem Betreuer Informationen geben, die er Ihrer Meinung nach unbedingt braucht? Dann schicken Sie ihm eine Mail oder rufen Sie an: Wenn er einigermaßen gutwillig ist, kann er Ihnen *zuhören*, ohne die Schweigepflicht zu verletzen. Denken Sie aber daran, dass er den Inhalt des Gesprächs Ihrem Kind mitteilen könnte, daher wäre es nicht sinnvoll, wenn Sie Ihr Kind – hinter seinem Rücken – als rücksichtslos oder uneinsichtig bezeichnen. Teilen Sie ihm Beobachtungen, die für ihn wichtig sein könnten, möglichst sachlich mit.

Das Arztgespräch als Vorstellungsgespräch

Wenn der Arzt einem Gespräch zustimmt, sollten Sie sich darauf vorbereiten. Wie in einem Vorstellungsgespräch kommt es nicht nur darauf an, *was* sie sagen, sondern auch, *wie* sie es sagen und welchen Eindruck sie machen. Schreiben Sie sich Beobachtungen, die für ihn wichtig sein könnten, und konkrete Fragen auf. Denken Sie daran, dass er wenig Zeit hat. Erwarten Sie nicht, dass Sie Ihren gesammelten Kummer der letzten zwanzig Jahre bei ihm loswerden können. Wenn Sie sich ausführlich mitteilen wollen, ist ein Psychotherapeut Ihr Ansprechpartner, kann eine Angehörigen- oder Psychosegruppe der richtige Ort sein. Versuchen Sie im Arztgespräch sachlich zu bleiben, auch wenn das schwerfällt, weil Ihre Aufregung groß ist. Beschweren Sie sich nicht über andere Psychiater, es sind die Kollegen des Arztes, dem Sie gegenüber sitzen. Er wird sich Gedanken darüber machen, was Sie demnächst über ihn sagen könnten. Sie hätten es auch nicht gern, wenn er sich Ihnen gegenüber abfällig über andere Eltern äußern würde.

Beachten Sie: Ihr Verhalten wird seine Einstellung beeinflussen: Er wird sich in dem kurzen Gespräch eine Meinung über Sie bilden und daraus ableiten, wie Sie möglicherweise zur Erkrankung Ihres Kindes beigetragen haben oder auch, ob Sie Ihr Kind aktuell sinnvoll unterstützen oder nicht. Wie andere Eltern habe ich erlebt, dass Psychiater dazu neigen, auch uns zu diagnostizieren. Sie sehen uns nur in dem Moment, in dem wir aufgeregt und verstört sind, schließen aber aus diesem kurzen Eindruck auf unsere Person. Aber ein guter Psychiater ist nicht notwendigerweise ein guter Psychologe. Wenn wir in diesem Gespräch weinen, nimmt er sofort an, dass wir labil sind. Er sieht nicht, dass wir *normalerweise* gelassen und pragmatisch einen anspruchsvollen Beruf, einen großen Haushalt oder auch den Vorsitz einer Bürgerinitiative managen. Er sieht nicht immer, dass gerade in der ersten Zeit für uns nichts mehr normal ist. Ich denke, dass es normal ist und kein Zeichen von Labilität sein muss, dass eine Mutter oder ein Vater weinen, wenn sie gerade von der psychischen Erkrankung ihres Kindes erfahren haben.

Es kann vorkommen, dass Sie auf Ihr Kind oder den Arzt wütend sind, weil Sie sich monatelang erfolglos um Hilfe oder ein Gespräch bemüht haben. Wenn Sie das Gespräch dann endlich führen und dabei Ihren Ärger zu sehr zeigen oder dem Arzt gegenüber zu fordernd auftreten, werden Sie möglicherweise als lieblos, kalt oder herrisch abgestempelt. Sie müssen Ärzte oder Sozialarbeiter *gewinnen* und sollten daher als guter Kooperationspartner erscheinen. Sonst kann es sein, dass diese weniger auf das achten, was Sie mitteilen wollen als auf Ihren Gemütszustand. Wenn wir unsere Befürchtungen aufgebracht vorbringen, werden wir weniger ernst genommen, als wenn es uns gelingt, gelassen und sachlich zu bleiben.

In keinem Fall sollten wir sofort die Kompetenz der Ärzte anzweifeln, wenn sie nicht das sagen oder tun, was wir uns wünschen.

Gisela F. ist verärgert über die neue Psychiaterin ihres Sohns. »Das ist eine junge, völlig inkompetente Frau, die hat wahrscheinlich gerade erst das Studium hinter sich gebracht. Die ist meinem Sohn völlig auf den Leim gegangen, trotz seiner Krankheit. Der kann ja so charmant sein und sieht auch gut aus, deswegen durchschaut diese junge Ärztin ihn überhaupt nicht. Er muss unbedingt eine höhere Dosis Medikamente bekommen, aber das versteht sie nicht. Ich versuche ständig, mit ihr zu sprechen und ihr das zu erklären, aber sie ruft nicht zurück.« Gisela F. tut etwas, was man *willkürliches Schlussfolgern* nennt, Schlussfolgern ohne Beweis. Sie kennt die Ärztin nicht und kann deren Erfahrung und Qualifikation nicht beurteilen. Sie weiß auch nicht, was diese mit ihrem Sohn besprochen hat. Dennoch behauptet sie, die Ärztin sei inkompetent und ihrem Sohn auf den Leim gegangen. Da sie keine Psychiaterin ist, kann sie auch nicht beurteilen, welche Dosis für ihren Sohn richtig wäre. Sie weiß auch nicht, ob die niedrige Dosis vielleicht genau das ist, worauf sich die Psychiaterin und ihr Sohn einigen konnten. Eine höhere Dosis hätte er vielleicht nicht genommen oder nach der Klinik umgehend wieder abgesetzt. Aber sie folgert, dass die Ärztin inkompetent ist, weil diese nicht das getan hat, was sie für richtig hält und ist nun besorgt und wütend.

Immer wieder erlebe ich, wie misstrauisch Eltern gegenüber den Aussagen von Ärzten sind, wie wenig Vertrauen sie haben, dass die verordnete Therapie die richtige ist. Oft äußern sie ihre Zweifel auch den Kindern gegenüber. Aber es ist äußerst kontraproduktiv, wenn Eltern die Menschen kritisieren, denen ihr Kind vertrauen und deren Empfehlungen es folgen soll. Letztlich müssen wir akzeptieren, dass unser Kind der Patient ist und nicht wir. Wenn ein Kind mit seinem Arzt zufrieden ist, dann können Sie wenig tun, um es zu einem anderen Arzt zu bringen. Allenfalls können Sie Ihrem Kind vorschlagen, eine zweite Meinung einzuholen. Aber vor allem sollten Sie daran denken, dass Empfehlungen des Arztes nur dann nachhaltig sind, wenn Ihr Kind sie akzeptiert. Mit Ausnahme von akuten psychotischen oder manischen Zuständen ist die beste Lösung immer noch die, in die Ihr Kind freiwillig einwilligt.

Das Elend mit der Schweigepflicht

Zum großen Kummer vieler Eltern sprechen Ärzte und Betreuer mit dem Verweis auf die ärztliche Schweigepflicht nicht mit uns, obwohl es immer die persönliche Auslegung des Arztes ist, wie restriktiv er damit umgeht. Allerdings: Wenn bayerische Minister nach dem Amokflug eines Piloten eine generelle Aufhebung der Schweigepflicht fordern, dann sind wir sicher dafür, dass sie als Schutz für die Kranken bestehen bleiben sollte.

Viele Eltern kämpfen vergeblich um diese Gespräche. Je heftiger sie dies tun, desto weniger wird ein Arzt geneigt sein, ihrem Wunsch nachzugeben und seinen Patienten davon zu überzeugen, dass ein Gespräch mit den Eltern sinnvoll sein kann. Aus der Perspektive des Psychiaters liegt es nahe, dass der Patient deswegen nicht einverstanden ist, weil es Konflikte mit den Eltern gibt. Das ist zwar möglich, aber einen Beweis für diese Annahme hat der Arzt nicht. Mich hat immer gewundert, warum Ärzte, die auch sonst nicht jede Verlautbarung eines psychisch Kranken für bare Münze halten, kritische Aussagen über dessen Eltern immer sofort glauben. Dabei wissen wir und auch die Betroffenen selbst, dass sich ihre Wut in Krankheitsphasen gegen viele Menschen richten kann, nicht nur gegen die Eltern. Wenn ich immer für wahr halten sollte, was meine Tochter in hochmanischen Phasen über Ärzte sagt, dann dürfte ich sie guten Gewissens zu keinem Arzt mehr gehen lassen.

Daher rate ich zu einem besonnenen und pragmatischen Umgang mit Fachleuten. Ich verstehe Eltern, die einbezogen werden wollen, aber ich halte den ständigen Kampf um Gespräche und Versuche, hinter dem Rücken des Kindes in Kontakt zu kommen, nicht für hilfreich. Viele Eltern glauben, sie kennen ihr Kind am besten und wissen daher auch, was das Beste für es ist. Wir kennen unsere Kinder gut, aber ob wir sie *besser* kennen als andere Menschen oder sie sich selbst ist wieder nur eine Annahme. Vielleicht möchte ein Kind auch gerade vermeiden, dass Eltern ihr »besseres« Wissen verbreiten.

Vielleicht möchte es ein anderes Bild von sich bei dem Arzt oder dem Betreuer erzeugen. Vielleicht traut ihm dieser Mensch dann auch mehr zu, als seine Eltern es tun. Vielleicht hat es Angst, dass sie es beim Arzt oder dem Sozialarbeiter schlecht machen. Je mehr Mutter oder Vater darauf beharren, desto heftiger wird sich das Kind dagegen wehren. Es geht dann oft nicht mehr um die Sache, sondern artet in einen Machtkampf aus.

Oft kann ein ruhiges Gespräch zu einer Einigung führen. Eltern können ihr Kind fragen, warum es ein Gespräch nicht möchte. Vielleicht ist seine Weigerung ein Ausdruck dafür, dass es um seine Autonomie kämpft, dass es einen Raum haben möchte, in den die Eltern nicht hineinregieren können. Ich habe meiner Tochter erklärt, warum es für mich wichtig ist, einbezogen zu werden. Ich will nicht alles wissen, was besprochen wird, aber ich kann unterstützen, wenn ich weiß, was geplant ist.

Sehen Sie Ärzte und Sozialarbeiter als Entlastung für alle Beteiligten an, nicht als Menschen, die sich in Familienangelegenheiten einmischen und sich mit unserem Kind gegen uns verbünden wollen. Seitdem meine Tochter weiß, was ich vom Arzt oder der ambulanten Betreuerin wissen will, hat sie nichts dagegen, dass ich mit ihnen rede. Je offener und klarer Sie mit Ihrem Kind sind, desto eher wird es einwilligen. Sagen Sie ihm, dass Sie niemals hinter seinem Rücken mit dem Arzt reden würden. Erklären Sie ihm, was Sie dem Arzt mitteilen oder welche Fragen Sie ihm stellen wollen. Fragen Sie, ob Sie es beim nächsten Arztbesuch begleiten dürfen. Menschen mit einer psychischen Krankheit neigen zu Misstrauen – wir sollten es nicht noch verstärken. Ich darf inzwischen Arzt und Sozialarbeiterin anrufen, wenn ich mir Sorgen mache, und sie dürfen auch mich anrufen. Für mich ist es ungeheuer entlastend zu wissen, dass es professionelle Menschen gibt, die für meine Tochter da sind. Wenn Ihr Kind aber absolut nicht möchte, dass Sie Kontakt zu seinem Arzt oder seinem Betreuer aufnehmen, müssen Sie dies akzeptieren. Sagen Sie Ihrem Kind in diesem Fall aber deutlich, dass von Ihnen weniger Unterstützung kommen kann, wenn Sie nicht wissen, was z.B. für Krisen geplant ist. Wenn das Kind aber dennoch nicht einwilligt, dann lassen Sie los. Vielleicht kann dann auch das Kind loslassen.

Ein Beispiel für den klugen Umgang mit einer künftigen Betreuerin lieferte mir ein Vater. »Als mein Sohn eine ambulante Betreuung bekommen sollte, sagte ich zu meiner Frau: ›Wenn diese Frau anruft, ist das das wichtigste Gespräch, das wir für lange Zeit führen‹«, berichtet Gerhard P. »›Es muss gut laufen, denn es wird darüber entscheiden, ob unser Sohn gut betreut wird, ob wir eine gute Beziehung zu ihr haben oder nicht. Diese Frau wird extrem wichtig für das Leben unseres Sohnes und auch für unser Leben sein.‹«

Gerhard P. hat verstanden, wie wichtig eine kooperative Beziehung zwischen Eltern und Unterstützern von psychisch Erkrankten ist. Leider gelingt es nicht allen Eltern, eine gute Beziehung zu den Betreuern ihrer Kinder aufzubauen. Das mag auch daran liegen, dass sich nicht alle Betreuer mit dem gleichen Engagement um ihre Klienten kümmern. Aber bedenken Sie auch, dass es bei einer Aufgabe, in der die persönliche Beziehung eine große Rolle spielt, immer mehr oder weniger gelingende Beziehungen gibt. Wenn Sie und Ihr Kind dauerhaft unzufrieden sind, gibt es immer die Möglichkeit, einen Wechsel zu beantragen. Das können und sollten Sie aber weder gegen den Willen des Kindes noch aus einer im Affekt geäußerten Kritik Ihres Kindes heraus veranlassen. Berücksichtigen Sie, dass Betroffene schnell frustriert sind und sich eine Ablehnung auch wieder umkehren kann. Außerdem sind psychisch erkrankte Kinder nicht immer glücklich mit einer Veränderung. Keinesfalls sollten Sie einen Wechsel beantragen, weil *Sie* nicht mit allem zufrieden sind.

Manche Eltern haben Bedenken, die rechtliche und damit auch finanzielle Betreuung in fremde Hände zu geben. Vielleicht werden Einzelfälle, in denen Betreuer unsachgemäß mit dem Vermögen ihrer Klienten umgegangen sind, auch von den Medien aufgebauscht. Es kann Situationen geben, in denen es sinnvoll ist, wenn Eltern die Betreuung übernehmen. Aber ich würde Eltern eher davon abraten, diese Betreuungsaufgaben selbst zu übernehmen: Es kann zu einer Verschlechterung des Verhältnisses zu unserem Kind führen, wenn wir diese Macht über es haben. Ich selbst wäre einem Streit mit meiner Tochter über Finanzen oder Wohnungsfragen in manischen Phasen nicht gewachsen gewesen.

Auch wenn wir nicht die beste – oder gar keine – Beziehung zum Arzt oder dem Sozialarbeiter unserer Kinder haben: Es geht nicht um uns, es geht um die Kinder. Für sie ist es wichtig, auch Beziehungen zu anderen Menschen aufzubauen. Es besteht immer die Gefahr, dass sie aufgrund der Krankheit in zu große Abhängigkeit von uns geraten. Ich stelle mir oft vor, dass es für meine Tochter belastend ist, wenn sie alles immer nur mit mir besprechen kann. In guten Zeiten wird sie es schätzen, aber es kann auch Konflikte zwischen uns geben, und dann ist es schwierig für sie, mich dennoch um etwas bitten zu müssen. Einerseits wird sie mir für meine Unterstützung dankbar sein, aber andererseits wird sie auch wütend auf mich werden, wenn sie sich als zu abhängig von mir empfindet. Sie kann es sich ohne Hilfe von außen kaum leisten, mich dauerhaft zu verärgern, und deswegen ist es gut für sie, wenn sie unabhängig von mir Vieles mit ihrer ambulanten Betreuerin besprechen kann. Damit wird ihr ein Stück Autonomie zurückgegeben.

Es liegt also auch an uns, wie wir die Beziehung zu den Fachleuten gestalten. Wenn wir offen und voller Vertrauen auf sie zugehen, dann sind sie unsere Kooperationspartner und nicht unsere Gegner oder Konkurrenten um den Einfluss auf unser Kind. Betreuer können auch unsere Verbündeten sein: Mir haben ambulante Betreuer erzählt, dass sie oft ähnliche Schwierigkeiten haben wie wir, mit Ärzten im Krankenhaus oder in der Praxis zu sprechen. Wir sollten daran denken, dass diese Menschen auch für Betroffene da sind, die keine Angehörigen oder Freunde (mehr) haben. Dazu können unsere Kinder demnächst auch gehören. Wir sollten daher frühzeitig den Aufbau eines sozialen Netzes für sie unterstützen, dessen Mittelpunkt wir nicht sein müssen.

Wir können Ärzte oder Sozialarbeiter nicht ändern, aber wir können unsere Einstellung und unser Verhalten ihnen gegenüber ändern. Wenn wir uns anders verhalten, wird auch die Umgebung anders reagieren. Wenn sie uns als Eltern erleben, die *mit* den Patienten und ihnen und nicht *über* die Patienten reden wollen, dann werden sie eher bereit sein, uns als Kooperationspartner zu sehen. Vor allem, wenn sie erleben, dass wir auch Entscheidungen akzeptieren können, die der Arzt allein mit dem Patienten getroffen hat. Ob es immer die richtigen Entscheidungen sind? Das können wir als

Laien nicht beurteilen und ich befürchte, dass manches Mal auch die Ärzte es nicht können, weil es das »Richtige« nicht gibt. Aber ich bin überzeugt davon, dass nur die Entscheidung eine gute Entscheidung sein kann, die der Patient mit ausgehandelt hat.

Ärzte und Betreuer sind wichtig für uns, es sind Menschen, die für unser krankes Kind sorgen sollen. Und wenn Psychiater oder Sozialarbeiter uns Eltern nett und kooperativ finden, dann wirkt sich auch das positiv für unser Kind aus.

6 Keine Angst vor Krisen!

Mit dem Satz »Hauptsache, es kommt nicht wieder eine Krise!« werden viele Erkrankte aus der Klinik entlassen. Das hoffte ich vor Jahren auch: Bloß nicht noch einmal dieses Chaos, diese Aufregung, die wütenden Nachbarn und die Polizei. Wie viele andere Eltern musste ich erleben, dass genau das immer wieder passierte. Heute halte ich die Empfehlung, es nie wieder zu einer Krise kommen zu lassen, für einen ebenso verständlichen wie nutzlosen Rat. Krisen kommen, ob Ärzte oder wir das wollen oder nicht. Sie kommen, auch wenn der Patient seine Medikamente nimmt und seinen Lebensstil verändert und auch, wenn Eltern sich Sorgen machen. Jede Aufregung, zu viel Arbeit, Verliebtheit oder eine Trennung, ein Streit, Freude oder Trauer können wieder zu einer Krise führen.

Ärzte und Eltern sind darauf fokussiert, Krisen zu vermeiden, aber Krisen gehören nun mal zum Leben von Menschen mit psychischen Erkrankungen. Durch einen Artikel meiner Tochter ist mir klar geworden, welchem Druck Betroffene ausgesetzt sind, wenn sie ständig daran denken müssen, nie wieder in eine Krise kommen zu dürfen. Sie hatte Angst, ihre Soziotherapeutin anzurufen, weil sie sich schämte, und vermutete, die Soziotherapeutin sei von ihr enttäuscht, weil sie es »nicht geschafft« hatte, eine Krise zu vermeiden. Ständig beobachtete sie sich: War ein fröhliches Lachen schon wieder der Vorbote einer Manie? Eine gedrückte Stimmung an einem grauen Novembertag ein Vorbote einer Depression? Wie sollen unsere Kinder bei diesen Ängsten wieder Mut bekommen, ihr Leben zurückzugewinnen? Ständig an Krisen oder ihre Vermeidung zu denken verunsichert Betroffene. Sie und wir als Eltern können lernen, Frühwarnzeichen zu erkennen, aber das darf nicht zur permanenten ängstlichen Selbstbeobachtung ausarten. Sie können lernen, was sie dazu beitragen können, damit möglichst keine Krise kommt, und was zu tun ist, wenn sich dennoch eine anbahnt. Krisen können nicht vollständig vermieden werden, aber man kann dafür sorgen, dass sie seltener vorkommen, weniger lang und weniger intensiv sind. Statt Angst vor einer Krise zu haben, kommt es darauf an zu lernen, wie man mit ihr umgeht.

Wir können unsere Kinder unterstützen, indem wir selbst unserer Angst nicht nachgeben. Im Laufe der Zeit werden wir feststellen, dass wir weniger hilflos vor einer Krise stehen als noch am Anfang.

Prüfen Sie:

- Gibt es inzwischen größere Abstände zwischen den Krisen?
- Ist die letzte Krise weniger dramatisch abgelaufen als die vorherigen?
- Konnte Ihr Kind mit der letzten Krise besser umgehen? Ging es freiwillig oder mit ein wenig Überzeugung ins Krankenhaus?
- Hat Ihr Kind inzwischen eine ambulante Betreuung oder Freunde, die es in diesen Situationen unterstützen können?

Wenn wir feststellen, dass Krisen seltener werden und unsere Kinder gelernt haben, sie besser zu managen, dann können wir in unserer Anspannung nachlassen. Nach einiger Zeit kennen auch wir die Frühwarnzeichen. Ich weiß heute, wie sich eine Manie ankündigt und wie ich darauf reagieren muss. Wenn meine Tochter nicht mehr schlafen kann und ihr Geld an einem Tag ausgibt, bringe ich ihr ab und zu Essen, Tabak und etwas Geld vorbei. Es hilft, dass ich ruhiger reagiere, aber vor allem hilft ihr die Unterstützung ihrer ambulanten Betreuerin. Wenn der Sohn meiner Freundin beginnt, merkwürdige Dinge zu erzählen, wissen sie und ihr Mann, dass sich wieder eine Psychose ankündigt, und sie beginnen vorsichtig, ihn von einem Krankenhausbesuch zu überzeugen.

»Psychose ist kein Drama!«, sagte auf einer Tagung eine Autorin und Malerin, die selbst an Schizophrenie erkrankt ist und ihre Krankheit zusammen mit ihrem Mann seit Jahren gut managt. Wir wissen, dass eine Krise auch wieder vorbeigeht und müssen nicht jedes Mal in Panik geraten. Stattdessen sollten wir mit den Betroffenen vereinbaren, was sie und wir tun können, wenn wir eine Verschlechterung wahrnehmen.

Jede Maßnahme, die Sie gemeinsam vereinbaren, kann Ihre Aufgeregtheit und Ihre Angst verringern.

Und auch solche Fälle gibt es: Eine Betroffene berichtete, dass sie mit ihrer Psychiaterin an der Klinik im E-Mail-Austausch steht. Es kommt vor, dass sie plötzlich eine Nachricht von der Ärztin erhält, sie möge doch dringend zu ihr kommen, denn ihre Mails zeigten, dass sich wieder eine Manie ankündige. Das sind die Psychiater, die wir uns wünschen.

Angst vor Krisen kann dazu führen, dass Eltern und Fachleute die Betroffenen daran hindern wollen, sich zu viel vorzunehmen. Aber wenn wir unseren Kindern ein gutes Leben wünschen, sollten wir sie ermutigen, sich etwas zuzutrauen, auch auf die Gefahr hin, dass eine neue Krise kommt. Wie sollen sie herausfinden, was ihnen trotz Krankheit möglich ist, wenn wir sie in einem Schutzkokon ruhig stellen wollen? Eltern hindern ihre Kinder daran, eine Reise zu machen oder eine neue Ausbildung zu beginnen. Sie wollen sie schützen und fühlen sich sicherer, wenn das Kind eine Rente und einen Schwerbehindertenausweis bekommt oder in einer betreuten Einrichtung wohnt. Es ist gut, dass es diese Schutzmöglichkeiten gibt. Aber wir sollten unsere Kinder nicht dazu drängen, damit wir uns keine Sorgen machen müssen. Dürfen wir unseren Kindern etwas ausreden, nur damit wir uns sicher fühlen? Meine Tochter erzählte auf einer Tagung, dass sie vor Jahren gern für ein Wochenende nach Nizza gefahren wäre, ich es ihr aber nicht erlaubt hätte, weil ich mir Sorgen machte. »Aber ich bin wieder krank geworden, obwohl ich nicht nach Nizza gefahren bin. Es hat nichts geholfen, dass meine Mutter mir das nicht erlaubt hat. Vielleicht hätte ich dort aber eine wunderschöne Zeit erleben und mich in schlechten Zeiten daran erinnern können.« Sie hat Recht.

Unsere Kinder dürfen bei ihren Versuchen, ihr Leben wieder anzugehen, auch scheitern – ebenso wie gesunde Menschen. Statt ihre Angst zu unterstützen, sollten wir sie ermutigen, sich trotz ihrer Erkrankung immer wieder zurück ins Leben zu kämpfen. Sie müssen ihr Leben nicht nach unseren Ängsten ausrichten. Es ist ein Unterschied, ob wir unseren Kinder aus Sorge etwas ausreden wollen, oder ob wir ihnen bei einem Vorhaben vernünftige Ratschläge geben: Probiere es aus, aber überlege dir, wie viel du dir zumutest. Sieh zu, dass du dir Unterstützung holst. Bitte Freunde oder jemanden aus dem sozialpsychiatrischen Bereich darum, darauf zu achten, wie es dir geht. Mach Pausen, wenn du sie brauchst.

Es ist völlig in Ordnung, wenn du dein Vorhaben aufgibst, wenn du feststellst, dass es nicht das Richtige war oder dass es zu viel war.

Unterstützen Sie Ihr Kind auf dem Weg zur größtmöglichen Selbständigkeit. Betroffene dürfen und müssen lernen, sich etwas zuzutrauen. Nur wenn sie etwas ausprobiert haben, dann wissen sie (und wir), wo ihre Grenzen liegen.

Und wenn etwas nicht klappt? Dann war es vielleicht zu viel, dann war der Schritt in die Selbständigkeit noch zu groß. Dann beginnt man einfach neu. Auch gesunde Menschen machen Fehler, nehmen sich zu viel vor und scheitern. Rückfälle sind nicht das Ende der Welt.

7 Und die Liebe?

Wir sollten Grenzen setzen und dürfen loslassen. Wir sollen unser Leben nicht ausschließlich auf unser erkranktes Kind konzentrieren, sondern auch an uns selbst denken. Wir müssen lernen, öfter »Nein« zu sagen. Wir dürfen uns für unser Kind nicht aufopfern. Aber dennoch wird die Liebe zu unserem Kind immer das Wichtigste bleiben. Das ist kein Widerspruch: Wenn wir loslassen und Grenzen setzen, dann tun wir das nicht gegen unsere Kinder, sondern für sie, weil wir sie lieben. Wenn wir unserem Kind Selbständigkeit und Lernchancen einräumen, dann übernehmen wir Verantwortung. Und genau das tun wir aus Liebe. Ich weiß, dass jede Mutter, der es schwerfällt loszulassen und jeder Vater, der zu viel kontrolliert, dies nur tut, um Schaden von ihren Kindern fernzuhalten, auch wenn sie das nicht immer in der geeigneten Form tun.

Bei meinen Interviews wurde ich manches Mal selbst ärgerlich über ein Kind, das seinen Eltern so viel Kummer machte, ebenso wie ich auch auf meine Tochter manchmal wütend wurde. Ich erinnere mich an eine Mutter, deren 16-jähriger Sohn sie zur Verzweiflung brachte. Ich riet ihr zur Konsequenz, aber immer wieder war sie inkonsequent, wenn er weinte und bettelte. Als sie mir eine Woche später ein Foto von ihm schickte, wurde mir auch klar, warum. Ihr bezaubernder Sohn sah aus wie der kleine Lord Fauntleroy aus dem schönen Film, den wir an jedem Weihnachtsfest gerührt ansehen. Wie könnte man ungerührt bleiben, wenn dieses Kind weint und bettelt, um nicht wieder ins Krankenhaus zu müssen? Das erlebe ich auch bei vielen anderen Eltern. Wenn ich die Fotos ihrer hübschen, fröhlichen oder ernsten Kinder sehe, wird mir klar, warum wir immer wieder inkonsequent sein werden. In den schwierigen Zeiten sehen wir nur das »schreckliche« Kind vor uns, aber wenn es in einer guten Phase wieder vor uns sitzt und mit uns redet und lacht, dann erkennen wir »unser« Kind wieder, dann sind wir so glücklich, dass Gedanken an kluge Verhaltensweisen nicht vorrangig sind. Daher ist es so unendlich schwer, sich immer »richtig« zu verhalten, die richtige Balance zwischen Liebe und Konsequenz hinzubekommen. Der Wechsel zwischen den dunklen und hellen Phasen macht es so schwer, gleichbleibend konsequent zu sein. Auch ich habe alles vergessen, wenn Lena und ich in unserer Pizzeria sitzen und uns wieder vergnügt unterhalten können.

Daher kann man es Eltern psychisch kranker Kinder auch niemals vorwerfen, wenn sie sich nicht immer so verhalten, wie es für sie selbst und ihr Kind am besten wäre. Keine Eltern, die ich in meinem Buch als Beispiele gebracht habe, sollen damit kritisiert werden. Eltern, die sich um ihre psychisch kranken Kinder sorgen, dürfen überhaupt nicht kritisiert werden, vor allem nicht von Menschen, die psychisch gestörte Menschen nur aus ihrem beruflichen Alltag kennen. Leid zu beobachten und an Leid beteiligt zu sein, sind ganz unterschiedliche Herausforderungen. Daher trifft uns die Aussage »Sie müssen loslassen!« so hart. Sie ist auch falsch.

Wir *müssen* nicht loslassen, sondern wir *dürfen* loslassen. Wir sollten die Erlaubnis haben und die Zusicherung, dass wir unserem Kind nicht schaden, wenn wir »loslassen«. Denn wir halten nicht fest, weil wir überfürsorgliche (schlechte) Mütter oder Väter sind, sondern wir halten fest, weil wir glauben, unserem Kind damit zu helfen.

Dennoch: Wann immer Sie sich fragen, ob Sie zu hart, zu egoistisch, zu wenig mitfühlend sind, sollten Sie sich sagen, dass Konsequenz keine Bestrafung ist. Ich bin überzeugt davon, dass es ein Zeichen von Liebe zu unserem Kind ist, wenn wir etwas tun wollen, das ihm hilft, langfristig unabhängiger von uns und möglichst selbständig zu werden. Das sollten wir uns immer sagen, wenn uns Mitleid überkommt, wenn wir denken, dass wir ihm etwas nicht vorenthalten können, ihm nicht sagen dürfen, dass wir nicht Tag und Nacht angerufen werden wollen oder auch darauf bestehen, dass es in eine eigene Wohnung zieht. Mit*leid* hilft unserem Kind nicht, stattdessen braucht es unser Mit*gefühl*. Wenn wir unser Kind bemitleiden, dann leiden wir mit ihm und sind keine Hilfe. Vor allem schauen wir auf es herab, weil wir glauben, dass es ein nichtlebenswertes Leben führt. Aber das stimmt nicht, auch ein Leben mit einer psychischen Einschränkung ist ein gutes Leben. Wenn wir unsere Kinder lieben, dann sollten wir ihnen genau das vermitteln.

Heute geht es uns gut

Vor zwanzig Jahren dachte ich, mein Leben sei zu Ende. Heute weiß ich, dass meine Befürchtungen nicht eingetreten sind. Trotz der Erkrankung meiner Tochter führen wir beide ein gutes Leben: Wir haben Ärzte gefunden, die sich Zeit für ihre

Patienten und manchmal sogar auch für mich als Mutter nehmen. Wir haben Unterstützung aus dem sozialpsychiatrischen System, die unserem Leben eine positive Wendung gegeben hat. Lena hat einen guten Umgang mit ihrer Krankheit gefunden. Nachdem sie zunächst dagegen rebelliert hat – »Ich bin nicht krank! Ich will keine Tabletten nehmen! Ich gehe nicht ins Krankenhaus!« –, weiß sie jetzt, wie sie auf sich achten muss. Sie weiß, wie sie mit ihrem Arzt über Medikamente verhandelt und nimmt ambulante Hilfen in Anspruch. Sie hat verstanden, dass es auch an ihr liegt, ob sie dem psychiatrischen System ausgeliefert ist oder ob sie klug und vorausschauend die Unterstützung annimmt, die ihr ein Mitspracherecht und eine Behandlung in ihrem Sinne ermöglicht. Sie engagiert sich in der Betroffenenbewegung, hält Vorträge und hat berufliche und persönliche Pläne für die Zukunft, die ich mit Freude und Hochachtung unterstütze.

Nicht nur meine Tochter hat viel gelernt, auch ich habe dazugelernt. Ich weiß, dass ich mit meiner Angst und Überfürsorge meine Tochter oft belastet habe. Ich habe verstanden und sogar emotional akzeptiert, dass meine Tochter selbst entscheiden muss und darf, wie sie mit ihrer Krankheit umgeht, auch wenn mir das manchmal Angst macht. Es ist ihr Leben. Seitdem ich besser mit meinen Ängsten umgehen kann, ist auch mein Leben wieder schön. Ich schreibe Bücher, liebe meinen Kater, meine Rosen, meine Kinder und Enkelkinder und kann ab und zu auch interessante Reisen machen. Und ich habe Freude daran, dass ich manche Eltern ermutigen kann, gelassener mit ihrem Kind und dessen Krankheit umzugehen.

Es war nicht einfach, ganz bestimmt nicht für Lena und auch nicht für mich. Und auch heute bin ich nicht immun gegen Ängste und Sorgen, die schnell wieder nach oben gespült werden, wenn etwas Unerwartetes auftritt. Es wird immer eine brüchige Gelassenheit bleiben, ich werde rückfällig, bin inkonsequent. Wir beide wissen, dass immer wieder eine Krise kommen kann und mit ihr Aufregung und Kummer. Aber das bringt uns nicht mehr zur Verzweiflung. Lena erkennt die Frühwarnzeichen und hat ein Unterstützungsnetz, das ihr hilft. Unser Leben ist anders verlaufen, als wir uns das vorgestellt haben. Aber es ist ein schönes Leben.

Dank

Ich möchte allen Müttern und Vätern danken, die mir mit ihren Geschichten gezeigt haben, welchen aufreibenden Kampf sie täglich führen, um den richtigen Umgang mit der psychischen Erkrankung ihres Kindes zu finden. Mein Dank gilt auch den Angehörigen, von denen ich lernen konnte, wie man sein Kind mit Zuwendung, Gelassenheit und Pragmatismus unterstützen kann, ohne sich selbst vollkommen aufzuopfern.

Ich danke den vielen Betroffenen, die mir aufgezeigt haben, wann unsere »Hilfe« nicht nützt, sondern schadet. Dabei möchte ich vor allem den Verband »bipolaris e.V.« nennen, von dessen Mitgliedern ich lernen konnte, dass eine psychische Krankheit ein selbstbestimmtes und gutes Leben nicht dauerhaft verhindern muss.

Mein Dank gilt Inge Becker, die für meine Tochter seit Jahren eine wichtige Unterstützung ist, sowie der Ärztin und dem Psychotherapeuten, die meiner Tochter seit einem Jahr ebenfalls Zuwendung und fachlichen Rat geben und sie auf ihrem Weg ermutigen. Mein Dank gilt auch Angelika Bütow sowie Dr. Mönter, der meine Tochter nicht nur jahrelang unterstützt hat, sondern sich unermüdlich dafür einsetzt, dass

Betroffene auch dort anhaltende Unterstützung bekommen, wo sie vom psychiatrischen System oft allein gelassen werden: in ihrem Alltag. Wer sich in dieser Weise für psychisch Erkrankte einsetzt, hilft nicht nur ihnen, sondern auch uns Eltern.

Ein besonders großer Dank gilt Martina Bandoly, Gisela Bischof-Elten und Renate Hof, die es ertragen haben, dass mein Buch monatelang unsere Unterhaltungen beherrschte und deren Hinweise meinem Manuskript sehr genützt haben.

Danken möchte ich auch meiner Literaturagentin Bettina Querfurth, die mich bei diesem Projekt ermutigt hat und meiner Lektorin Sibylle Meyer, die auch dieses Mal wieder deutlich zur Verbesserung meines Buches beigetragen hat.

Natürlich gilt mein Dank auch meinen Kindern und meinen Enkelkindern – und meinem Kater Basquiat –, die es seit Jahren hinnehmen, dass ich nicht immer ausreichend Zeit für sie habe und die mir dennoch gewogen bleiben.

Die wichtigsten Hinweise für mein Buch habe ich von meiner Tochter Lena erhalten. Von ihr weiß ich, welche meiner Verhaltensweisen ihr schaden und welche Unterstützung sie sich von mir und anderen Menschen wünscht. Sie geht unbeirrt weiter, »mit festem Ziel in ihre vollkommen unsichere Zukunft«, wie sie es ausdrückt. Ich bewundere ihre Kraft und ihr Durchhaltevermögen.

Literatur

Psychiatrie

Aebi, Elisabeth, Ciompi, Luc, Hansen, Hartwig (Hg.): Soteria im Gespräch: Übereine alternative Schizophreniebehandlung, Neumünster 2013

Amering, Michaela: Recovery. Das Ende der Unheilbarkeit, Köln 2011

Attwood, Tony: Asperger-Syndrom. Das erfolgreiche Praxis-Handbuch für Eltern und Therapeuten, Stuttgart 2010

BApK (Hg.): Mit psychisch Kranken leben, Bonn 2014

Bäuml, Josef: Psychosen aus dem schizophrenen Formenkreis, Berlin/Heidelberg 2008

Beitler, Hubert und Helene: Zusammen wachsen. Psychose, Partnerschaft und Familie, Bonn 2013

Berg-Peer, Janine: Schizophrenie ist scheiße, Mama! Vom Leben mit meiner psychisch erkrankten Tochter, Frankfurt am Main 2013

Berg-Peer, Janine: »Unerwünschte Bereicherung – die Perspektive einer Mutter«, in: Bock, Thomas; Klapheck, Kristin; Ruppelt, Friederike: Sinnsuche und Genesung. Erfahrungen und Forschungen zum subjektiven Sinn von Psychosen, Köln 2014

Berg-Peer, Janine: »Angehörige und Institutionen – ein schwieriges Verhältnis«, in: Soziale Psychiatrie 4–2014

Berg-Peer, Janine: »Meine Tochter ist kein Monster, ihre Mutter aber auch nicht«, in: Soziale Psychiatrie, 1–2015

Berg-Peer, Janine: »Angehörige und Psychiater – eine schwierige Beziehung?«, in: Elstner, A; Schade, C; Diefenbacher, A. (Hg), Starterkit Klinikalltag mit Schwerpunkt Psychiatrie, Berlin 2015

Berg-Peer, Janine: »Von der aufgeregten zur gelassenen Mutter«, in: Bremer, Fritz; Hansen, Hartwig (Hg.): Angehörige sind Erfahrene. Ein Ermutigungsbuch, Neumünster 2015

Berg-Peer, Janine: »Recovery für Angehörige«, in: Psyche im Fokus, Das Magazin der DGPPN, Ausgabe 1/2015

Bock, Thomas: Umgang mit psychotischen Patienten, Köln 2013

Bräunig, Peter: Leben mit bipolaren Störungen. Manisch-depressiv: Wissen, das Ihnen guttut, Stuttgart 2009

Bronisch, Thomas: Der Suizid. Ursachen, Warnsignale, Prävention, München 2014

Eink, Michael; Haltendorf, Horst: Umgang mit suizidgefährdeten Menschen, Bonn 2009

European Survey on the Wellbeing of Carers for a Relative with Mental Health Problems: 2014, www.eufami.org

Finzen, Asmus: Schizophrenie. Die Krankheit verstehen, behandeln, bewältigen, Köln 2011

Finzen, Asmus: Stigma psychische Krankheit. Zum Umgang mit Vorurteilen, Schuldzuweisungen und Diskriminierungen, Bonn 2013

Finzen, Asmus: »Die Psychiatrie – eine Zumutung für die Familie?«, in: Angehörige psychisch Kranker – Landesverband Hamburg e.V. (Hg.), Hamburg 2014

Fuljahn, Heide: Kalt erwischt. Wie ich mit Depressionen lebe und was mir hilft, München 2013

GISA – Gießener Angehörigenstudie: Gießen 2007

Hammer, Matthias; Plößl, Irmgard: Irre verständlich. Menschen mit psychischer Erkrankung wirksam unterstützen, Bonn 2012

Hammer, Mirja: »Was tun? Zehn Tipps für Angehörige«, in: Stern, 28.1.2015

Hansen, Hartwig (Hg.): Der Sinn meiner Psychose. Zwanzig Frauen und Männer berichten, Neumünster 2013

Haker, Hartmut W.: Station 23. Begegnungen in der Psychiatrie, Schwerin 2010

Hoff, Paul: Kein Platz für ideologische Verkürzungen, in: Neue Zürcher Zeitung v. 19.05.2015

Johnstone, Matthew und Ainsley: Mit dem schwarzen Hund leben. Wie Angehörige und Freunde depressiven Menschen helfen können, ohne sich dabei selbst zu verlieren, München 2009

Jensen, Maren; Hoffmann, Grit; Preitz, Julia: Diagnosenübergreifende Psychoedukation. Ein Manual für Patienten- und Angehörigengruppen, Köln 2014

Knuf, Andreas: Bevor die Stimmen wiederkommen. Vorsorge und Selbsthilfe bei psychotischen Krisen, München 2009

Knuf, Andreas; Osterfeld, Margret; Seibert, Ulrich: Selbstbefähigung fördern. Empowerment und psychiatrische Arbeit, Bonn 2014

Kreisman, Jerold J.; Straus, Hal: Ich hasse dich – verlass mich nicht. Die schwarzweiße Welt der Borderline-Persönlichkeit, München 2012

Koch, Erwin: »Liebe und Angst« in: Zeit-Magazin, 24.03.2014

Pohl, Christiane: Die Familie. Ort der Geborgenheit – Ort der Herausforderung, in: Angehörige psychisch Kranker – Landesverband Hamburg e.V. (Hg.), Hamburg 2014

Reynolds, Donna: Der bipolare Spagat. Manisch-depressive Menschen verstehen, Stuttgart 2011

Rufer, Michael; Fricke, Susanne: Der Zwang in meiner Nähe. Rat und Hilfe für Angehörige zwangskranker Menschen, Bern 2008

Rufer, Michael; Alsleben, Heike; Weiss, Angela: Stärker als die Angst. Ein Ratgeber für Menschen mit Angst- und Panikstörungen und deren Angehörige, Bern 2011

Saimeh, Nahlah: Jeder kann zum Mörder werden. Wahre Fälle einer forensischen Psychiaterin, München 2012

Science Daily: Bearing through it. How Caregivers of Mentally Ill Kin Can Cope, 19.4.2011

Schloesser, Sebastian: »Lieber Matz, Dein Papa hat ’ne Meise«. Ein Vater schreibt über seine Zeit in der Psychiatrie, Berlin 2012

Seikkula, Jaakko; Arnkill, Tom Erik: Dialoge im Netzwerk. Neue Beratungskonzepte für die psychosoziale Praxis, Neumünster 2007

Teismann, Tobias; Dorrmann, Wolfram: Suizidalität, Göttingen 2014

Medikamente

Benkert, Otto: Psychopharmaka. Medikamente, Wirkung, Risiken, München 2009

Dreher, Jan: Psychopharmakotherapie griffbereit. Medikamente, psychoaktive Genussmittel und Drogen, Stuttgart 2014

Greve, Nils et al.: Umgang mit Psychopharmaka. Ein Patienten-Ratgeber Bonn 2007

Laux, Gerd; Dietmaier, Otto: Psychopharmaka. Übersichtlich und verständlich. Für Patienten, Angehörige und Profis in der Pflege, Berlin/Heidelberg 2013

Reinhold, Hartmut; Assion, Hans-Jörg: Antidepressiva. Pharmakologische und klinische Aspekte, Dortmund 2012

Psychologie

Baer, Udo; Frick-Baer, Gabriele: Vom Schämen und Beschämtwerden, Weinheim 2014

Beattie, Melody: Die Sucht, gebraucht zu werden, München 2004

Cloud, Henry; Townsend, John: Nein sagen ohne Schuldgefühle. Gesunde Grenzen setzen, Holzgerlingen 2012

Doron, Lizzie: Who the Fuck is Kafka, München 2015

Epstein Rosen, Laura; Amador, Xavier: Wenn der Mensch, den Du liebst, depressiv ist, Reinbek 2002

Farrelly, Frank; Brandsma, Jeffrey M.: Provokative Therapie, Berlin/Heidelberg 2009

Forward, Susan; Frazier, Donna: Emotionale Erpressung. Wenn andere mit Gefühlen drohen, München 2014

Goffman, Erving: Stigma. Über Techniken der Bewältigung beschädigter Identität, Frankfurt am Main 2010

Hammer, Mirja: »Was tun? Zehn Tipps für Angehörige«, in: Stern, 28.01.2015

Hinsch, Rüdiger; Pfingsten, Ulrich: Gruppentraining sozialer Kompetenzen – GSK, Köln 2002

Larsson, Liv: Wut, Schuld und Scham, Paderborn 2012

Leahy, Robert L.: Techniken kognitiver Therapie, Paderborn 2007

Lelord, François; Christophe, André: Die Macht der Emotionen und wie sie unseren Alltag bestimmen, München 2005

Lerner, Harriet Goldhor: Wohin mit meiner Wut? Neue Bezie-

hungsmuster für Frauen, Frankfurt am Main 2001
Mittelacher, Bettina: »Die eigene Tochter getötet – aus Liebe«, Hamburger Abendblatt, 20.02.2014
Rosenberg, Marshall B.: Gewaltfreie Kommunikation, Paderborn 2012
Rudolph, Ina: Ich will ja loslassen, doch woran halte ich mich dann fest?, München 2013
Sellin, Rolf: Bis hierher und nicht weiter. Wie Sie sich zentrieren, Grenzen setzen und gut für sich sorgen, München 2014
Schulz, Kathryn: Richtig irren. Von falschen Glaubenssätzen, Denkfehlern und der kreativen Kraft unserer Fehlbarkeit, München 2011
Sprenger, Bernd: Die Illusion der perfekten Kontrolle, München 2009
Stavemann, Harlich H.: Im Gefühlsdschungel. Emotionale Krisen verstehen, Weinheim 2001
Teismann, Tobias: Grübeln. Wie Denkschleifen entstehen und wie man sie löst, Köln 2014
Fensterheim, Herbert; Baer, Jean: Sag nicht Ja, wenn Du Nein sagen willst, München 2006
Willson, Rob; Branch, Rhena: Kognitive Verhaltenstherapie für Dummies, München 2011

Recht

Dodd, Susan: Autismus. Was Betreuer und Eltern wissen müssen, Heidelberg 2011
Hell, Corinna: Betreuung. Rechte, Pflichten, Aufgaben, Freiburg 2009
Hemkendreis, Bruno; Haßlinger, Volker: Ambulante Psychiatrische Pflege, Bonn 2014
Koppensteiner, Stefan; Zierl, Hans Peter (Hg.): Praxisleitfaden Unterbringungsrecht, Wien 2012
KVHB Bremen: Schweigepflichtsentbindung (Muster)
Lorz, Thomas: Betreuung bei psychischen Erkrankungen: Ein medizinisch-rechtlicher Ratgeber mit 15 Fallbeispielen, Stuttgart 2015
Schlichte, Gunda: Betreutes Wohnen – Hilfen zur Alltagsbewältigung, Bonn 2009
Verbraucherzentrale NRW (Hg.): Patientenverfügung. Vorsorgevollmacht und Betreuungsverfügung, Verbraucherzentrale NRW 2014
www.dejure.org: Unterbringungsgesetz Baden-Württemberg (Muster)

In englischer Sprache

Vaughn, Christine; Leff, Julian P.: Expressed Emotion in Families. Its Significance for Mental Illness, New York 1985

Xavier Amador: I am not Sick, I don't need Help! How to Help Someone with Mental Illness Accept Treatment, New York 1959

Karp, David A.: The Burden of Sympathy. How Families Cope with Mental Illness, Oxford 2001

Robert L. Leahy: The Worry Cure, Seven Steps to Stop Worry from Stopping You, New York 2005

Robert L. Leahy: Anxiety Free. Unravel Your Fears Before They Unravel You, London 2009

Yong, Joel, L; Adamec, Christine: When Your Adult Child Breaks Your Heart. Coping with Mental Illness, Substance Abuse and the Problems That Tear Families Apart, New York 2013

Nützliche Adressen

APK – Aktion Psychisch Kranke e.V.
www.apk-ev.de

Bipolaris – Manie und Depression Selbsthilfevereinigung Berlin-Brandenburg e.V.
www.bipolaris.de

Bundesarbeitsgemeinschaft »Kinder psychisch erkrankter Eltern«
www.bag-kipe.de

Bundesverband der Angehörigen psychisch Kranker e.V. – BApK (mit allen Regionaladressen). Der BApK gibt praxisorientierte Broschüren zu wichtigen Themen heraus.
www.bapk.de

Bundesverband der Berufsbetreuer/innen e.V.
www.bdb-ev.de

Bundesverband Psychiatrie-Erfahrener (BPE) e.V.
www.bpe-online.de

Das Bündnis – Stiftung Deutsche Depressionshilfe
www.buendnis-depression.de

Deutsche DepressionsLiga e.V.
www.depressionsliga.de

Deutsche Gesellschaft für bipolare Störungen e.V.
www.dgbs.de

Deutsche Gesellschaft für Psychoedukation e.V.
www.dgpe.de

EUFAMI – European Federation of Associations of Families of People with Mental Illness
www.eufami.org

Psychische Gesundheit
www.psychenet.de

Hilfe für Angehörige psychisch Erkrankter
www.hpe.at

Kompetenznetz-Schizophrenie
www.kompetenznetz-schizophrenie.info

Krisendienst
www.berliner-krisendienst.de
Adressen und Nummern finden Sie in allen Regionen Deutschlands.

Steps
www.meine-steps.de

NAMI – National Alliance in Mental Illness
www.nami.org

Paranus-Verlag – Hier finden Sie viele Bücher zu wichtigen Themen.
www.paranus.de

Psychiatrienetz
www.psychiatrie.de/beratung

Psychoedukation
www.psychoedukation.de

Psychiatrie-Verlag – Hier finden Sie Bücher zu allen relevanten Themen.
www.psychiatrie.de

Stiftung Deutsche Depressionshilfe
www.deutsche-depressionshilfe.de

Soziotherapie
www.soziotherapie.de

Telefonseelsorge
www.telefonseelsorge.de

VPSG – Verein für Psychiatrie und seelische Gesundheit e.V.
www.psychiatrie-in-berlin.de